# GEORGES DOCQUOIS

—·•·—

## LE

# Congrès des Poètes

*AOUT ·1894*

PARIS

*BIBLIOTHÈQUE DE* LA PLUME

31, rue Bonaparte, 31

—

1894

# Le Congrès des Poètes

*Il y a en France beaucoup plus de poètes qu'on ne croit...*

RENÉ DOUMIC.

Portrait du lauréat PAUL VERLAINE

# Le Congrès des Poètes

En 1884, durant les deux mois que je passai dans la capitale anglaise, mon excellent ami Wilkinson ne me quitta pas un instant. Grâce à lui, je connus Londres comme pas un, et même, avant mon départ, — hommage rendu à mon intellectualité possible, — il tint à me conduire chez Tennyson, dont il avait l'honneur d'être l'ami.

Il y a deux ans, mon excellent ami Wilkinson vint à Paris, et, comme cela était naturel, il ne voulut point d'autre cicerone que moi pour ses promenades à travers « la plus belle ville du monde ».

La veille de son départ, il me demanda :

— Alors, je connais Paris ?

Je lui répondis, fermement :

— Oui, mon cher Wilkinson, et comme pas un.

— En êtes-vous bien sûr, au moins ?

— Tout à fait sûr, Wilkinson.

— Eh bien ! *my dear*, il y a cependant quelque chose que vous avez négligé.

— Et quoi donc ?

— Vous ne m'avez pas conduit chez votre grand poète national.

— Hélas ! lui répondis-je tout de go, c'est que Victor Hugo est mort.

Imperturbable, Wilkinson m'objecta :

— Je ne suis, certes, pas indiscret au point de vous demander de me conduire chez un mort. Conduisez-moi chez un vivant. Oh ! cela me suffit.

Après deux secondes — à peine — de réflexion, je dis à Wilkinson :

— Bien. Soyez satisfait.

Et je le menai chez Leconte de Lisle.

Je m'étais, en effet, décidé très vite.

« De par son âge, de par la dignité de son œuvre comme de par celle de sa vie », m'étais-je dit, « Leconte de Lisle peut bien représenter, à cette heure, en France, le grand poète national. »

Leconte de Lisle me connaissait. Il nous reçut à merveille...

Retour des Indes, voilà quinze jours, mon excellent ami Wilkinson revint à Paris, et sa première visite fut pour moi.

— Oh ! me dit-il, M. Leconte de Lisle m'a reçu si aimablement, il y a deux ans, que vous seriez bien gentil de me conduire chez lui de nouveau.

— Vous tombez fort mal, mon ami, fis-je alors ; Leconte de Lisle est mort avant-hier, et on l'enterrera demain.

Imperturbable toujours, Wilkinson dit :

— Oh ! comme c'est regrettable !

Puis :

— Eh ! bien, conduisez-moi, maintenant, chez votre nouveau grand poète national.

— C'est impossible ! m'écriai-je aussitôt.

— Impossible ? Et pourquoi ?

— Pourquoi ? parce que, *my dear,* nous n'avons plus de grand poète national, Leconte de Lisle étant mort.

Wilkinson hochait la tête d'un air de doute.

— Je vous jure ! amplifiai-je.

— Non, dit Wilkinson, c'est cela qui est impossible.

Et il répéta :

— La France sans un grand poète, c'est cela, voyez-vous, qui est impossible.

— Cela est, pourtant, insistai-je.

Mais Wilkinson restait incrédule.

Pour le consoler, je lui dis :

— Je vous mènerai, si vous le désirez, chez les douze plus grands poètes de France. Quant à vous mener chez le plus grand d'entre ceux-là, je vous le répète, ami Wilkinson, je ne le saurais.

Lui, alors, très résolu, déclara :

— Il faut le savoir, *my dear*.
Piqué au jeu à mon tour, je déclarai :
— Eh bien ! oui, Wilkinson, nous le saurons.

Et voilà pourquoi j'ai réuni les poètes en une sorte de
Congrès, dans les colonnes du *Journal*.
Et voilà pourquoi, aux poètes, j'ai posé cette question :

QUEL EST, SELON VOUS, CELUI QUI, DANS LA GLOIRE
AINSI QUE DANS LE RESPECT DES JEUNES, VA REMPLACER
LECONTE DE LISLE?

Et les poètes ont bien voulu me répondre.
Ecoutons-les, ami Wilkinson.

# A

M. MICHEL ABADIE. — Paul Verlaine, dont l'Œuvre radie un ciel de floraisons lyriques, est le grand Poète vers qui monte la sympathie passionnée des jeunes prêtres des Lettres : Je n'en sais pas de plus intensivement suggestif ni de plus glorieux.

M. JEAN AICARD, le second de par la magie de l'alphabet, dit :

*Quand Alexandre meurt, l'empire se partage.*

(Et M. Jean Aicard dit cela, simplement).

M. JEAN AJALBERT s'abstient (1).

M. PAUL ARÈNE. — Dans la gloire... Comment savoir, et qui peut se vanter d'avoir, dès aujourd'hui, les confidences d'une si mystérieuse dame ?

Dans le respect des jeunes... Et d'abord, les jeunes respectaient-ils déjà le maître tant que ça ? Je ne le crois point, les échos du Café Voltaire non plus.

Sur le dernier point, j'estime qu'il y aurait tout de même un assez joli choix à faire, avec un peu de bonne volonté, entre Coppée, Mendès, Silvestre, Heredia, Sully-Prudhomme, par exemple. Mais pourquoi demander le respect aux jeunes ? Nous savons tous, hélas ! qu'on ne devient respectueux qu'en vieillissant.

M. GEORGE AURIOL. — Par qui remplacer Leconte de Lisle ? C'était un grand poète. Il est mort, il n'y a pas à le remplacer. Je ne l'ai jamais considéré comme le prince des poètes actuels, du reste. En Art, il n'y a pour moi que les simples — ceux qui n'ont pas de talent. Villon n'avait pas de talent. Charles Cros non plus. Verlaine et Ponchon n'ont pas de talent. Ils ont l'étincelle divine.

De même cet inconnu qui écrivit :

*La rose fleurie,*
*S'elle est bien cueillie,*
*Est belle à mettre au chapeau.*

Et cet autre, qui dit :

> *Las, il n'a nul mal qui n'a le mal d'amour.*

Les gens de talent ont parfois l'étincelle, mais chez eux c'est l'habileté qui domine. Je les admire, simplement. Ce ne sont pas des potiers qui trouvent des formes de beaux vases, mais de délicieux artisans qui couvrent de décors souvent superflus les vases modelés par les autres.

> *Femme je suis, povrette et ancienne,*
> *Ne rien ne sçais, oncques lettres ne lus.*
> *Au moustier vais dont suis paroissienne...*

Voilà de la poésie, et non des vers...

Il est évident que Verlaine est notre plus grand poète, mais il était là du temps de Leconte de Lisle, et, quand il sera mort, personne ne lui succédera.

# •B

M. Ernest Beauguitte est d'avis qu'aucun poète n'a, depuis Victor Hugo, martelé le vers comme Richepin, ni exprimé les souffrances et les joies humaines comme le chantre des *Gueux* et l'auteur de *Mes Paradis*.

M. Henry Bérenger. — Pour obtenir la gloire de Leconte de Lisle, il faut du *génie*. Pour le remplacer dans le respect des jeunes, il faut du *caractère*. M. Paul Verlaine a du génie ; M. Sully-Prudhomme a du caractère. La couronne d'épines du premier, la couronne de pensées du second valent peut-être bien à elles deux le diadème impérial du maître disparu. Que l'auteur de *Sagesse* et d'*Amour*, ce torrent fangeux et sacré, que l'auteur de *Justice* et des *Vaines Tendresses*, cette cime aux roses glacées, se partagent donc l'héritage de l'altissime Poète !

M. Emile Bergerat. — On me demande quel est celui qui, dans la gloire ainsi que dans le respect des jeunes, va remplacer Leconte de Lisle. Ma réponse sera bien simple : c'est moi.

Déjà, à la mort de Victor Hugo, je m'étais offert pour cet office, mais on me requigna, par jalousie basse, et l'on voit ce qui est arrivé : la place est encore une fois vacante !

Remarquez que cela peut durer longtemps ainsi, et jusqu'à ce que la nature y pourvoie ! Je prie toutefois que l'on constate ma bonne volonté. Je m'offre, que dis-je, je me tends, comme le bon Zola à la quarantaine immortelle. Les jeunes ne pourront pas se plaindre si leur respect manque d'objet et la gloire des maîtres d'héritier. Me v'là !...

M. Yves Berthou. — Un nom ? Verlaine. Mais remplacer Leconte de Lisle dans la gloire ? Non ; dans le respect des jeunes ? douteux. C'est un sujet d'admiration et de pitié pour tous ceux qui ont un cœur et une âme. De grands poètes sont sur les routes. Déjà dans la lumière apparaissent Albert Samain, La Tailhède, De Venancourt, Le Cardonnel.

M. Emile Besnus. — Désigner déjà, à la plus grande unanimité relative d'élection, le successeur présomptif de Leconte de Lisle n'apparaît pas sans incertitude... Stéphane Mallarmé, cependant, semblerait assez l'ayant-droit légitime. Du moins, a-t-il avec Leconte de Lisle ce rapport d'isolement et de hauteur artistique.

M. JEAN BLAIZE. — Malgré mon admiration pour tel et tel poète vivant, je n'en vois actuellement aucun qui, au triple point de vue de la splendeur verbale, de la puissance évocative et du génie personnel, puisse entièrement remplacer dans la gloire et dans le respect l'auteur des *Poèmes tragiques*.

M. EMILE BLÉMONT. — Les jeunes, en vérité, ne respectaient guère Leconte de Lisle ; on aura donc peu de peine à le remplacer dans leur respect. Quant à la gloire, puisqu'il y reste, comment le remplacer ? Un poète d'une originalité vraie ne se remplace pas... Mais, vouliez-vous savoir à qui je donnerais la palme ? J'aime trop Sully-Prudhomme, Coppée, Mérat, Verlaine, Heredia, Aicard, Vicaire, Richepin et quelques autres — Theuriet par exemple — pour pouvoir choisir entre eux.

M. KARL BOÈS. — Du vivant de Leconte de Lisle, il y avait deux grands poètes. Leconte de Lisle mort, il n'en reste qu'un : c'est Verlaine. (M'excuse Jean Moréas, que j'aime beaucoup !)

Disons, d'ailleurs, que la gloire ne sera décernée par les siècles qui viendront ni à Leconte de Lisle ni à Verlaine, Lamartine et Musset devant eux-mêmes disparaître aux yeux des astronomes futurs dont les lunettes convergeront toutes vers ce soleil : Hugo !

Quant au respect, c'est un sentiment inférieur et qui importe peu.

Maintenant, attendons le Poète-Messie, celui qui, sur les ruines de cette société dite chrétienne, dite républicaine, édifiera, aux accents de la grande Lyre, le Temple de la Bonté et de la Beauté, ces deux sœurs exilées... et immortelles !

M. JULES BOIS. — Leconte de Lisle appartenait déjà tellement au passé ! Je ne pense pas que beaucoup de jeunes se soient aperçus de sa mort. Néfaste d'athéisme et d'indifférence pour les humains, cette gloire était cependant belle de solitude, loin de la réclame et des grossières défaillances. On ne mettra pas de nouvelle idole sur un autel d'ailleurs abandonné. Mais notre admiration, avant comme après la mort de l'académicien Leconte de Lisle, reste, entière, au gueux divin Paul Verlaine.

M. GEORGE BONNAMOUR. — Je ne crois pas qu'il y ait d'ici longtemps d'unanimité possible sur un nom de poète. Chaque coterie va pousser, comme par le passé, son grand homme et dénigrer celui d'à côté. Il faut laisser faire les œuvres et le temps.

M. JOSEPH BOUCHARD. — Avec Leconte de Lisle, un soleil vient de s'éteindre. Parmi les astres qui montent dans le ciel de l'art — quoi qu'on dise et quoi qu'on fasse — la force des choses seule choisira.

M. ERNEST BOUHAYE, l'auteur des *Vertiges*, pense que remplacer Leconte de Lisle dans la gloire est une rude tâche. Quant aux jeunes, selon lui, ils sont peut-être un peu trop divergents pour faire un choix unique. Les uns, qui mettent au-dessus de tout la forme et sont plus directement descendants de Leconte de Lisle, choisiront Jose-Maria de Heredia ; quant aux autres, qui considèrent surtout la poésie dans son essence, ils ont un maître tout indiqué : Sully-Prudhomme. Et M. Ernest Bouhaye lui donne sa voix.

M. MAURICE BOUKAY. — Dans la gloire ? Nul ne peut le savoir ni le dire. La gloire n'est pas contingente à la critique. Dans le respect des jeunes ? Tout dépend de la compréhension et de la qualité de ce respect. Le mien — le seul dont je sois sûr, parmi le très petit nombre de poètes que je connais — va droit à Sully-Prud'homme pour la haute noblesse de son esprit, et à Paul Verlaine, pour la touchante humilité de son cœur. Et puis, tous deux ont fait preuve de dignité dans leur vie et de probité dans leur style.

M. RENÉ BOYLESVE. — Je ne pense pas que Leconte de Lisle puisse être jamais dans le respect de personne remplacé par personne. Son œuvre et sa mémoire me semblent encore pour longtemps plus efficaces aux jeunes poètes qu'aucune présence même des plus actuellement vénérées.

M. HENRY DE BRAISNE. — Il s'agit pour nous d'œuvres poétiques, de rien autre que d'œuvres poétiques. La vie privée, quelles qu'aient pu être ses erreurs, doit bénéficier d'une mise hors de cause. Je dirai plus : Quand cette vie privée, jusque dans ses erreurs, a été l'inspiratrice de poèmes sans rivaux, nous n'avons qu'à nous incliner profondément... en plaignant beaucoup l'auteur. Après ces paroles, vous comprendrez que Paul Verlaine est, entre tous, l'auteur à respecter et à glorifier. Oui, du respect pour ses infortunes, qu'un d'Hervart aurait adoucies.

éloignées peut-être ; de la gloire pour ses œuvres, qu'un Mécène aurait fait lire devant Octave-Auguste...

Les camarades de la première heure de Leconte de Lisle — Sully-Prud'homme, François Coppée, J.-M. de Heredia — ont reçu la part de gloire qu'ils ambitionnaient ; ils la méritaient, qu'ils la gardent. Les poètes plus jeunes ou moins académiques ont encore des œuvres à produire, ils les produiront. Verlaine est, dès ce jour, entré dans nos respects.

M. HIPPOLYTE BUFFENOIR. — A mon sens, un poète ne se remplace pas. Pas plus qu'il n'a remplacé un poète né avant lui, le chantre des *Poèmes barbares* ne sera remplacé par un cadet de la poésie contemporaine. Il a conquis sa gloire par sa volonté et son génie. D'autres viendront qui, à leur tour, cueilleront le divin laurier... Mais ils feront autrement, à leur façon, vibrer la corde sonore qui émeut l'humanité, conquiert le cœur des femmes, et enthousiasme la jeunesse. Je le répète, selon moi, Leconte de Lisle ne sera pas remplacé.

M. ANT. BUNAND. — Réserve faite du *respect* qui peut s'adresser à la vie digne et pure de plus d'un poète de nos jours (tels Mallarmé, Dierx, Sully-Prudhomme, etc...), toute mon *admiration* va à Verlaine, bien plus inspiré, plus spontané, plus humain, plus émouvant ; plus vraiment poète, en un mot, que Leconte de Lisle... et bien d'autres.

# C

M. Armand Cabrol. — Celui qui dans la gloire et le respect des jeunes a remplacé Leconte de Lisle, c'est Jean Richepin. — Parmi la foule de poètes philosophes, délicats, charmeurs, efféminés ou boursouflés, l'auteur des *Blasphèmes* et des *Caresses* apparaît comme un mâle. Donc, avec Clovis Hugues et ceux qui comprennent la force dans la beauté, je ne reconnais pour roi que le *touranien*.

M. Jean Carrère. — Je n'hésite pas à saluer M. Frédéric Mistral. Non parce qu'il est félibre : j'aimerais mieux, je le déclare, que son œuvre eût été écrite dans la langue de Bossuet et de Racine, la plus belle, sans conteste, avec celles de Virgile et de Platon. Mais, en ce temps où d'incessantes invasions de barbares ont fait perdre au parler de nos aïeux la lumière et la pureté qu'il devait jadis à ses origines helléno-romaines, j'estime que M. Frédéric Mistral est le seul, parmi les illustres, qui soit demeuré fidèle à l'harmonieuse tradition des siècles de beauté. Et, quelque admiration personnelle que je professe pour les œuvres si splendides, si hautaine ou si pénétrantes de MM. de Hérédia, Mallarmé et Verlaine, je n'en persiste pas moins à accorder à un poète de la Provence la palme des poètes français.

M. Félicien Champsaur. — A sa mort, on s'est partagé l'empire de Hugo. Mais ce vieux capitaine colonial, Leconte de Lisle, n'a pas pris la place du vieil Empereur, bien qu'il l'ait occupée avec plus de majesté. Quel est celui qui, dans la gloire, ainsi que dans le respect des jeunes, va remplacer Leconte de Lisle ? Alors c'était lui, le patron reconnu ? Je l'ignorais. Voilà ce que c'est de ne pas être un poète parqué. Je propose qu'on élève sur le pavois ce Vrai poète, Paul Verlaine. *Et exaltavit humilem.*

M. Ernest Chebroux. — Le génial poète que vient de perdre le monde des lettres était de ceux qu'on ne remplace pas comme un ministère. En mettant hors concours ceux qui restent ses pairs en l'art d'écrire d'exquis poèmes, comme Sully-Prud'homme ou François Coppée, il en est qui marchent dans le large et lumineux sillon du maître, mais en est-il qui se peuvent flatter d'arriver au sommet atteint par l'admirable auteur des *Poèmes barbares* ? Mon choix irait de Richepin, au vers vibrant et humain, à Catulle Mendès, se fixant volontiers sur le poète virgilien : mépris du lieu commun, grandeur de l'idée, hardiesse de l'image, coloris des vers... la poésie de Mendès a encore pour moi ce mérite rare de n'être goûtée que par un petit nombre de délicats.

M. ANT. CHERY. — Leconte de Lisle n'a été qu'un pâle reflet d'Hugo, et par la forme seulement.

Depuis Hugo, chez qui tout se subordonne au Vrai, au Beau, au Juste, au lieu de condenser on décompose, et c'est pourquoi le Poète fils et continuateur de ces grands génies est à naître.

Relativement, toutefois, Flaubert disparu, Zola, tout en ne voyant que des formes, personnifie un peu ce poète.

M. AUGUSTE CHEYLACK. — Voici mon bulletin : j'y ai inscrit le nom de Sully-Prud'homme. Je ne suis pas sûr que le verdict des jeunes puisse auréoler de gloire le front d'un poète ; mais ce que je sais bien, c'est que tout mon respect, toute mon estime littéraire vont à l'auteur de la *Justice*. Et j'estime qu'il est digne, sinon de remplacer, du moins de succéder au très noble, et très pur, et très grand poète que fut Leconte de Lisle.

M. FERNAND CLERGET. — Les écrivains dont l'œuvre répond le mieux au sentiment national, qui est celui de la majorité, ne sont pas toujours et forcément de même famille et de même race. L'ancêtre Hugo a personnifié, avec une puissance qui restera légendaire, l'ardente et formidable renaissance littéraire de ce siècle ; Leconte de Lisle fut plutôt l'esprit fier et indépendant, froid, solitaire, de la période, très belle mais stationnaire, commencée par les Parnassiens et continuée, malgré l'effort naturaliste, jusqu'au Symbolisme, qui la termine ; maintenant que l'Art et la Vie se donnent fraternellement la main, François Coppée, si vibrant aux échos patriotiques de son théâtre, si doux aux ouvriers paisibles de ses poésies, me semble le Poète de la nation française revenue à ses belles époques de justice et de liberté.

M. PAUL COLMONT, en un quatrain, désigne Paul Verlaine.

M. ROMAIN COOLUS. — En cette circonstance, on semble accorder bien gratuitement aux poètes modernes les facultés *vaticinatrices* reconnues aux poètes anciens. La question posée me paraît exiger, pour être résolue, certains dons prophétiques dont je m'avoue peu doué. Toutefois, on serait peut-être fondé à prétendre que des poètes actuels Verlaine est celui dont la gloire ira le plus grandissant, cependant que nous respecterons davantage l'admirable auteur de *l'Après-midi d'un Faune*, Stéphane Mallarmé. Mais ces distinctions sont bien superficielles : tous deux sont des maîtres, nos maîtres, et nous les aimons également.

M. FRANÇOIS COULON. — Il me semble que Leconte de Lisle était le seul grand poète *parnassien*. Ses disciples de jadis, assez bons poètes secondaires, ne peuvent prétendre à cette magnifique hauteur de pensée. Quelques-uns nommeront M. de Heredia, qui, malgré l'absence d'idées générales, demeure grand par sa vision éblouissante du décor de la vie. Mais le drame mystérieux et terrible ne lui apparaît pas ; et pourtant voici l'heure d'approfondir ce drame et de chercher à voir plus loin. Le public, qui ne connut guère notre Leconte de Lisle que par les feuilles annonçant l'entrée du Poète dans l'Inconnu, propagera la renommée des artistes en qui le lecteur retrouve ses rêves et ses désirs ordinaires. Le talent parfois ne manque pas à ces écrivains ; mais, pour nous, qui n'osons contempler qu'avec le frisson du respect cette Trinité radieuse, Shakespeare, Gœthe et Wagner, deux noms s'élèvent dans la gloire très haut : Verlaine et Mallarmé.

M. JEAN COURT. — Le lumineux poète des *Trophées*, Jose-Maria de Heredia, me semble être actuellement le seul hoir digne de recueillir le sceptre du Maître Leconte de Lisle.

M. GEORGES COURTELINE. — L'admiration ne me paraît pas être un fauteuil où, fatalement, le jour où M. X... n'y est plus, on doive asseoir M. Y... ou M. Z... J'admirais Leconte de Lisle du vivant de Victor Hugo ; j'admirais Théodore de Banville du vivant de Leconte de Lisle. Leconte de Lisle est mort ? Mon admiration pour Mendès, pour Silvestre et pour Hérédia n'en est accrue ni diminuée.

M. J.-L. CROZE jure que si tout le monde votait entre mes mains, tous les bulletins ne devraient porter qu'un nom : Paul Verlaine.

# D

M. RODOLPHE DARZENS. — Est-il bien sûr que Leconte de Lisle ait été seul « dans la gloire et le respect des jeunes ? » Et, vraiment, quelle nécessité de créer des hiérarchies en littérature. *Au moins*, *là*, un peu... d'anarchie, ne vaudrait-ce pas mieux ?

M. JEAN DAYROS. — M. Leconte de Lisle portait le monocle avec une majesté irréprochable et nul poète ne l'égale dans cet art. Pour ce qui concerne sa gloire à l'encan, je ne vois pas mieux quel autre fabricant de produits parnasseutiques la pourrait accaparer...

M. JOSEPH DECLAREUIL. — J'ignore qui va remplacer Leconte de Lisle dans la gloire et le respect des jeunes. Je désignerais notre grand Verlaine, si la gloire et le respect en question n'étaient depuis beau temps acquis à ce maître illustre, qui les détient par droit de conquête, et non par droit de succession.

M. ACHILLE DELAROCHE. — La double question que l'on nous pose est redoutable, car, en quelque sens que nous la résolvions, le Sphynx, c'est-à-dire l'avenir, nous guette, pour nous infliger un démenti. Cette *gloire* de Leconte de Lisle qui, à d'aucuns, semble définitive, je ne sais si la postérité la ratifiera, tant nous avons vu s'effeuiller de lauriers hâtivement tressés par les contemporains au front des hommes illustres ! La poésie est un élan, un enthousiasme, et le poète a charge d'âmes, cela est indiscutable. Que penser donc d'un artiste qui n'a trouvé autre chose que le chant de la désespérance et l'élan vers le néant ? Certes, le peuple, qui a besoin de croire, lui en demandera compte. Les poètes, eux, ne comprendront point qu'à une époque où Wagner faisait vibrer en si intenses symboles l'âme de nos vieilles légendes, Leconte de Lisle n'en ait tiré qu'un froid romancero. Mais l'illustre défunt, malgré qu'il en ait eu, était bien plus voisin du réalisme de M. Zola que de la métaphysique du chantre de Bayreuth !

Pour ces raisons et quelques autres, Leconte de Lisle n'était plus, il y a beau temps, le directeur des consciences poétiques. Les jeunes écrivains, s'ils ont écouté d'autres voix, doivent surtout beaucoup à ces deux artistes tant ridiculisés : Stéphane Mallarmé, l'esprit le plus lucide de ce temps, et Paul Verlaine, qui a su trouver quelques-uns des accents les plus pénétrants du siècle, et, peut-être, de tous les siècles.

M. GABRIEL DE LA SALLE. — Presque sur la même ligne que Leconte de Lisle, je ne vois qu'un seul poète : J. de Strada. Mais J. de Strada n'atteindra pas à la gloire dont vous parlez, à la gloire imminente. Son front, qu'il n'incline point, n'est pas fait pour recevoir le laurier des mains de ceux qui le tressent en couronnes. Il ne commandera pas non plus au respect, parce qu'il ne sut pas — on ne voulut pas — donner à son art la forme impeccable devant laquelle s'agenouillent si dévotement les jeunes, qui sont de si charmants et de si vains poètes. Et, pourtant, quel étrange et quel puissant génie que celui de l'auteur de *l'Epopée humaine !*

J. de Strada, comme Leconte de Lisle, est un *témoin* qui raconte le passé et qui communique aux faits un peu du phosphore que son génie lui a mis aux doigts, de ce phosphore dont parle Joubert. Aujourd'hui, se disputant la palme de gloire, je ne vois que des glorioleux. Voyez-vous, je crois à un interrègne. Le spectre que Victor Hugo et Leconte de Lisle ont laissé tomber, personne ne le ramassera : il serait trop lourd à porter. L'Art va se traîner, image fidèle de notre décadente époque, jusqu'au réveil.

M. EMMANUEL DELBOUSQUET. — Nous admirions Leconte de Lisle comme un homme marchant en dehors du siècle. Le vrai mouvement parnassien est clos avec Jose-Maria de Heredia, Xavier de Ricard et Dierx — et nul, parmi ces disciples aimés, ne se haussera à réclamer la place du maître. Seul, le vénérable Strada le pourrait. Mais que sont ses derniers poèmes de *l'Epopée humaine ?* Il nous reste Verlaine et Mallarmé, — mais ceux-ci ne sont-ils pas les *initiateurs à un autre art*, plus fluide, imposé par une autre évolution ?... Et, après *l'Après-midi d'un Faune* et tels poèmes de *Sagesse* où chante, splendidement, le suprême verbe parnassien, pouvons nous espérer, par là, quelque chose ? Ne devant être que l'expression d'une phase, les divers modes d'art que l'évolution nous amène se peuvent-ils comparer, et les poètes par qui ils se manifestent ? — Non, n'est-ce pas ? — Donc, je ne vois autour du Temple en deuil nul Front qui ose se dresser pour nous imposer sa gloire !

M. Léon Deschamps. — Voulez vous me brouiller avec mes collaborateurs ? Je les aime tous également comme on aime les roses, les lys, les lilas et les violettes. Leur assigner un·rang, c'est faire preuve d'outrecuidance : tous les poètes sont égaux — s'ils sont vraiment poètes. Le plus souvent nommé sera celui qui a le plus de lecteurs.. Cette consultation ne peut signifier autre chose.

M. Lucien Destelle. — A mon avis, il n'y a plus guère de *respect des jeunes*. Il ne peut y avoir de successeur à Leconte de Lisle, comme il n'y a pas eu de successeur à Hugo. Mais, par dessus tous autres, sont deux poètes qui doivent se partager la suprématie du rhythme génial : Richepin et Mendès.

M. Pierre Dévoluy. — J'ignore (certes !) quel élu remplacera dans le respect des jeunes le superbe chanteur que nous pleurons, mais je sais bien qu'un seul demeure vivant, d'entre ses Pairs de gloire : c'est dire l'héroïque Mistral. Et, pour ne déplaire à de niais parvenus, s'il faut, à toute force, reléguer aux champs la langue aînée de France, je vois, à Paris, Verlaine et Mallarmé vers qui monte l'admiration en bonne justice. Il convient, toutefois, de n'oublier point que cette heure est de transition, et qu'il nous est loisible espérer en nos cadets. Si, parmi des brouillards symboliques, les actuels compromis d'Art témoignent de nobles efforts, qui nous dit que l'Ame latine ne va pas éclater demain en floraisons d'azur envahisseur ? Elle regerme, *à n'en pas douter*.

M. Márius Dillard. — Si l'on ne considérait que l'analogie des caractères et la parenté littéraire, on pourrait mettre en avant, parmi ceux qui ont le plus d'affinités avec le grand poète Leconte de Lisle, les noms d'Auguste Lacaussade et de Léon Dierx. Ce dernier surtout aurait droit à une plus large part de gloire et pourrait être élevé sur le pavois si sa modestie et sa misanthropie farouche ne le tenaient à l'écart des. luttes et des compétitions. Maintenant, si l'on ne tient compte que de l'action que quelques poètes ont pu avoir sur la génération nouvelle et de la valeur littéraire de leurs œuvres, on pourrait nommer Sully-Prudhomme, un penseur, un noble poète, un esprit élevé ; Armand Silvestre, s'il avait voulu s'en tenir à ses harmonieuses strophes. Avec Léon Dierx, c'est à l'un de ces deux écrivains que je donnerai la palme, et je classerai au-dessous d'eux Paul Bourget et Auguste Dorchain, ce très pur poète qu'on vient de décorer.

M. George Doncieux. — Il ne manque certes pas de glorieux et excellents poètes. Mais, croyez-vous nécessaire que quelqu'un remplace présentement Leconte de Lisle ? Je ne connais pas de loi constitutionnelle, dans le domaine de la pensée, qui assure la transmission continue de la souveraineté. Quelques rois, de longs interrègnes, n'est-ce pas l'histoire de l'Art ? Leconte de Lisle est mort : il me semble qu'il y a lieu de déclarer l'interrègne.

Mme Tola Dorian. — Le grand poète de demain ? Sans hésitation, Albert Samain, à condition qu'il tienne les promesses de son livre superbe : *Au Jardin de l'Infante.*

M. Charles Droulers. — Deux vers de Hugo :

> Phébus lui dit : « Veux-tu la lyre ? » — « Je veux bien,
> Dit le faune ; » et, tranquille, il prit la grande lyre !

Leconte de Lisle est mort. Quel sera désormais notre grand porte-lyre ? Ce restera Verlaine.

M Georges Druilhet. — On peut aimer à la fois le poète des *Intimités* et celui des *Épreuves* ; le poète des *Contes épiques* et celui des *Trophées* ; le poète des *Fêtes galantes* et de *Sagesse,* celui de *Noël* et de l'*Aurore.*

M. Aug. Duhamelet. — Un poète, est-ce que ça meurt ? Donc, à quoi bon le remplacer ? Corneille est toujours ! Hugo est toujours ! Leconte de Lisle est toujours ! *Manent et manebunt !*... Qui va les escorter dans leur gloire ? Qui va partager leur apothéose ? Mais... plusieurs... Richepin, Sully-Prud'homme — et d'autres, sans doute !

M. Léon Durocher. — Dans la République des rimes, on n'est pas plus gouvernemental que de raison. Le tempérament anarchiste des pilleurs d'azur se révolte à la seule idée d'un... président. Non ! pas de chef qui nous impose une loi poétique, qui nous inflige un code héliconien. Leconte de Lisle nous envoyait parfois à Mycènes et à Tamatave : il ne faut pas qu'on nous envoie au Gabon !

# E

M. Pierre Elzéar. — J'ignorais que depuis la mort d'Hugo — qui était, d'ailleurs, le plus simple des hommes — la Poésie eût besoin d'un pontife unique. Laissons aux politiciens cet appétit de servitude, et laissons les distributions de prix aux écoliers, aux peintres et aux sculpteurs. Pour moi, je goûte le charme de poètes tels que Vacquerie, Silvestre, Catulle Mendès, Mérat, Dierx, Coppée, de Hérédia, Sully-Prud'homme, etc., et refuse de gâter ma joie par la manie de la classification. Vous voyez, par les noms que je cite, que je n'estime poète que celui qui sait le métier.

Je n'ai nommé ni Verlaine, ni Stéphane Mallarmé.

Pour Verlaine, ce n'est pas qu'il soit un bien farouche intransigeant, lui qui, hier, s'attendrissait au spectacle du noble barde Montesquiou donnant le bras au spectre de Madame Valmore. Mais les déliquescents et liquéfiés, pour qui M. Docquois semble nourrir quelque faiblesse, lui ont fait l'injure de le désigner.

Quant à Mallarmé, c'est un subtil humoriste, un prodigieux pince-sans-rire. Ses textes facétieux, trop peu nombreux, hélas ! ont été — surtout accompagnés des gloses de Mendès — la gaîté de ma jeunesse littéraire.

Mais, je m'arrête. Je m'aperçois que je vous parle non seulement en amant fervent de la Poésie, mais en homme de bon sens. Je ne suis pas dans le train. C'est que le train ne va qu'à Charenton. Moi, j'ai mon billet d'Idéal circulaire.

M. Georges d'Esparbès. — Gloire au chuchoteur divin des *Fêtes galantes !* Respect au désespéré de *Sagesse !* Verlaine !

M. Emmanuel des Essarts. — Les deux premiers poètes du temps me paraissent appartenir à notre génération parnassienne. Deux d'entre nous, Sully-Prud'homme et François Coppée, sont des maîtres incontestés et se rangent à côté des plus grands. Mais chacun d'eux a son originalité tellement propre, son génie tellement distinct, qu'il est bien difficile d'élire l'un ou l'autre comme successeur de Leconte de Lisle.

L'un, Sully, me semble plus inventeur ; l'autre, Coppée, plus créateur ; l'un a introduit plus de nouveauté dans la poésie française, l'autre plus de souplesse et de variété. L'un est plus penseur et plus philosophe, l'autre plus narrateur et plus artiste.

Voici comme je me tirerais d'embarras entre deux hommes que j'admire également. Ce serait en imitant Sénèque ; appelé à décider entre Pompée et César, il choisit Caton. De même, comme chef et primat des poètes, je prendrais l'un des rares survivants de la grande école romantique, Auguste Vacquerie, qui nous donne un continuel exemple de fidélité au grand Art et de superbe talent. L'auteur de *Futura* est bien digne de ce haut rang.

# F

M. François Fabié. — Aucun des poètes aujourd'hui connus — Sully-Prud'homme et François Coppée mis à part — ne me semble de taille à recueillir l'héritage de *gloire* et de *respect des jeunes* laissé vacant par la mort de Leconte de Lisle. Ses disciples immédiats ont le tort de n'être que des disciples. Les autres sont trop particularistes, trop *spécialistes* ; ils manquent presque tous de grandeur, de souffle — ou de tenue. Le Parnasse, à cette heure, c'est l'empire d'Alexandre après la mort du Macédonien.

M. Eugène Faivre. — Pourquoi donc pas M. Coppée pour cette couronne *in partibus* ? Il y a plus d'un droit, droit de conquête et même droit de naissance : son père, brave forgeron, ne descendait-il pas quelque peu de Louis XVI — par les serrures ?

M. René Ferrand. — A quoi bon remplacer Leconte de Lisle ?
Les grands pontifes de la Poésie ne sont pas comme les tablettes de chocolat du distributeur automatique :
Quand l'une est tirée, une autre la remplace !
N'y a-t-il pas dans la maison du Christ quantité de petites chapelles qui ne lui sont pas dédiées ?
Elles seraient si jolies, nos chapelles, avec Verlaine, Mallarmé, Sully-Prud'homme... etc...
Et la Poésie ne se trouverait pas plus mal de n'avoir pas de grand pontife.
Alors ?...

M. Georges Fourest. — Le maître de tous les poètes se nomme aujourd'hui Paul Verlaine.

M. Albert Fox est Normand et peut-être accusé de garder encore le défaut proverbial de sa race. Lui-même, d'ailleurs, gentîment en convient. Au demeurant, il reste perplexe. Deux ou trois noms lui trottent bien en tête, mais il n'ose nous les confier. Sans préciser rien, l'auteur de *Noir* et de *Toinon* estime, pourtant, qu'il est permis de ne point croire que, dans ce Temple sacré de l'Art pur et sincère que Leconte de Lisle a si magistralement édifié, le disciple n'a pas déjà conquis la place d'honneur que son illustre maître occupait hier.

M. CHARLES FRÉMINE nous fait part de son choix dans ce quatrain joyeux :

> *Toi qui soupes d'un rêve et d'une fleur déjeunes,*
> *Toujours l'âme à la joie et la lèvre au cruchon,*
> *Nul barde, dans la gloire et le respect des jeunes*
> *Ne s'élance plus haut que toi, Raoul Ponchon !*

M. CHARLES FUSTER. — Qui remplacera Leconte de Lisle ? Parmi ses contemporains ou ses frères cadets, — comme Sully-Prud'homme, comme Coppée et Theuriet, — chacun a déjà sa place. Parmi les *jeunes ?*... Dame ! ici, cela devient par trop embarrassant. Je pourrais citer des noms, que j'admire fort ; d'autres qui ne soulèvent pas encore l'admiration, mais en qui on peut avoir confiance. J'aime mieux, tout net, vous dire mon avis : personne ne remplacera le maître disparu, et beaucoup le remplaceront. L'émiettement littéraire continuera, avec beaucoup de talents, dont aucun, peut-être, ne sera supérieur et souverain, mais dont tous seront personnels et intéressants.

# G

M. Jacques Des Gachons. — Mallarmé reste le *maître* d'une bonne part de la jeunesse littéraire. Si Verlaine avait plus de caractère, il serait également entouré de disciples attentifs. Il est bien certain que ceux qui étaient des familiers respectueux de Leconte de Lisle n'iront pas à Verlaine, ni à Mallarmé. Mais je ne fréquentais pas chez le maître défunt, et Verlaine aussi bien que Mallarmé me troublent. Je n'ai pas pour eux *l'entière admiration* désirable... Quant à Coppée, il est populaire, et cela suffit au bonheur d'un poète.

Sully-Prud'homme eut mes assiduités en rhétorique et en philosophie, au lycée ; je garde ses livres pieusement. La prose de France m'enchante et j'admire Barrès. En poésie proprement dite, je range ensuite de Heredia, Mendès, Richepin, Moréas et de Régnier, Retté et Le Cardonnel ; Stuart Merrill et Vielé-Griffin viennent après. Je pense que c'est parmi ces derniers qu'il faut chercher le jeune maître aimé. Moréas ou de Régnier, de Régnier ou Moréas, voilà la question.

M. Louis Gallet. — J'interprète la question dans le sens le plus large et j'entends qu'il s'agit de l'Académie quand on me demande quel est celui qui, dans la gloire ainsi que dans le respect des jeunes, va remplacer Leconte de Lisle. Sur ce point précis, j'estime qu'à un évocateur des mondes disparus et des choses mortes, à un descripteur des lointains paysages tropicaux il faudrait faire succéder le puissant metteur en scène de la vie présente et l'étonnant peintre des milieux immédiats : et c'est Emile Zola que je nomme.

Si on a pu dire, tout récemment, en rééditant un mot classique, que les vers de Leconte de Lisle sont beaux comme de la belle prose, il est permis de dire, non moins justement, que la prose d'Emile Zola est souvent plus belle, plus retentissante et plus forte que les meilleurs vers. Il a l'ingéniosité de l'image et la saveur de l'expression, et si, en une exubérance, que d'aucuns lui reprochent encore, il s'est égaré parfois jusqu'à des détails d'un réalisme cru, il a couramment d'exquises délicates-

ses de forme et de délicieuses floraisons poétiques. Celui qui a
écrit les multiples descriptions du « Paradou » et cette merveil-
leuse procession des pèlerins de *Lourdes* a légué à l'anthologie
française quelques-uns des plus purs exemples de la richesse,
de la souplesse et de l'extraordinaire puissance de coloris de
notre belle langue. Et le temps n'est plus, n'est-ce pas, où
l'Académie pouvait n'être qu'une compagnie d' « honnêtes gens »
où l'on parvenait sans avoir rien écrit ou n'ayant écrit que du
médiocre ?

M. RENÉ GHIL. — Seul, ou avec quelques éprouvés amis,
sur la montagne entourée d'hostilité de la Poésie scientifique, je
ne saurais dire quel nom vont vénérer surtout ceux que je combats, les jeunes et pseudo-jeunes symbolistes, idéalistes, etc...
Personnellement, voici. Nul ne remplacera Leconte de Lisle,
suprêmement, en mon admiration, car si j'ai respecté infiniment
ce grand mort comme poète lyrique et homme aux fières attitudes (mais, trop d'attitudes !) je ne l'ai point vu, non, comme
*poète complet !* J'ai eu occasion d'écrire naguère qu'en tant que
penseur, conclure, comme il le fait, au nirvâna, au Néant, dé-
note une nullité philosophique. Ou philosophie d'égoïste qu'il fut...
J. de Strada, le poète philosophe de l'Histoire, Sully-Prud'homme, aux hautes tendances de philosophie scientifique, ne *remplaceront* pas en ma vénération Leconte de Lisle : *ils y étaient,*
parce que leur vie est digne superbement, et parce que je les
considère comme les précurseurs proches de l'Œuvre de Poésie
scientifique, sociologique évolutivement, que j'ai voulue et que
je mène de tout mon effort.

M. RAOUL GINESTE. — Celui qui, dans la gloire, va remplacer
Leconte de Liste, est évidemment François Coppée. Mais celui
qui le remplacera dans le respect littéraire des jeunes est, à
mon avis, Paul Verlaine.

M. ALBERT GIRAUD. — Qui donc remplacerait, à l'heure
actuelle, Leconte de Lisle, si ce n'est le pur et parfait poète
des *Trophées*, M. Jose Maria de Heredia ?

M. ALEXANDRE GOICHON. — Je vote pour le compagnon
d'armes de Hugo le Père, pour le grand Poète de *Tragaldabas*
et de *Futura*, pour Auguste Vacquerie, — l'apôtre superbe de
la Justice et de l'Art.

M. EMILE GOUDEAU. — On me demande quel monarque
poétique les « jeunes » voudraient élire, afin de remplacer Le-

conte de Lisle. Je crois bien que la plupart d'entre eux, s'ils
voulaient user de franchise, répondraient : « Moi. » Au fond,
ils auraient raison ; l'individualisme exalté, le personnalisme
à outrance ne sont-ils pas, pour les poètes, la seule raison
d'exister ? Seulement, alors, au lieu du « Moi » orgueilleux, il
est préférable, par modestie diplomatique, de répondre : « Personne. »

Parmi les meilleurs poètes de ce temps (et ils sont tous meilleurs), je possède quelques amis et beaucoup de camarades ; je
les aime tous ; mais si l'un d'eux venait à être proclamé Roi, je
me jetterais dans l'opposition. Le domaine de la poésie immense
n'est ni un Royaume, ni un Empire ; ce n'est même pas, comme
les Lettres, une République ornée d'un président ; c'est une
atmosphère élastique en laquelle voltigent ou planent, sans se
gêner les uns les autres, les aigles et les papillons.

M. Louis de Gramont. — A la question posée, je n'ai point,
je l'avoue, trouvé de satisfaisante réponse. Ce n'est pas que nous
manquions d'éminents, d'excellents et de subtils poètes. Catulle
Mendès, François Coppée, Paul Verlaine, — pour ne citer que
ceux-là, — ont droit à toute notre admiration. Mais le fait seul
que, quand on cherche, plusieurs noms nous viennent à l'esprit,
démontre que nul ne remplit toutes les conditions requises.
Pour occuper, en effet, la place devenue vacante, il faut évidemment n'avoir pas de concurrents possibles ; il faut avoir une
situation exceptionnelle, unique, qui vous mette au-dessus des
luttes et des rivalités ; il faut n'être plus un combattant, et,
peut-être, à une renommée incontestée joindre l'autorité de
l'âge. En un mot, il faut déjà, de son vivant, être un ancêtre.
Leconte de Lisle avait immédiatement, et sans discussion possible,
succédé à Victor Hugo dans la royauté intellectuelle ; quelqu'un,
peut-être, un jour, remplacera Leconte de Lisle : mais il y aura
certainement un interrègne.

M. Charles Grandmougin. — Pensez-vous que, dans l'art,
il y ait des *remplacements ?* En art, les créateurs se succèdent,
et je ne crois pas que les nouveaux héritent l'influence des anciens. Des tempéraments différents conquièrent des succès différents, et ne peuvent même subjuguer les mêmes publics. Si
vous me parlez maintenant de gloire posthume et d'immortalité,
je me tais, car l'on ne saura que dans quelques siècles ce qui
restera des poètes du nôtre. En ce qui regarde Leconte de
Lisle, que nous avons toujours respecté comme un maître ouvrier,

je dois hardiment déclarer que je le considère comme un brillant élève d'Hugo, ne possédant ni la fécondité, ni la chaleur, ni la variété du Maître, et remuant peu d'idées. L'œuvre de Leconte de Lisle est, dans la forme, un très intéressant écho de la sonore et large *Légende des Siècles*, ou des alexandrins, déjà très retentissants, des *Voix intérieures*. Hugo est un modèle dangereux, comme Wagner ; pour adopter l' « écriture » prestigieuse de l'un et de l'autre, pour porter sans faiblir cette lourde cuirasse, il faut ni plus ni moins que du génie. Malheureusement, le talent (quelquefois pour des raisons d'orgueil — et je ne fais ici aucune personnalité) ne se plie pas toujours à la forme réelle qui lui convient.

M. GRENET-DANCOURT déclare qu'il attend de l'avenir le renseignement que je lui ai fait l'honneur de lui demander.

(M. Grenet-Dancourt est plus patient que moi !)

M. ACHILLE GRISARD. — Je vote pour Sully-Prudhomme. Au doux philosophe, au poète austère, gloire et respect !

M. CHARLES GUÉRIN. — Il y a beaucoup de poètes exquis, à l'heure présente. Un s'impose, il a du génie, c'est Paul Verlaine. Maints lui préféreront Mallarmé, cloîtré toujours dans l'orgueil et la brume de son rêve.

Le génie de l'un, la splendeur hautaine du second forcent notre respect.

# H

M. Edmond Haraucourt. — Qui remplacera Leconte de Lisle dans la gloire et dans le respect ? — Lui-même.

M. Fernand Hauser. — A la mort d'Hugo, Leconte de Lisle prit une attitude telle que d'aucuns le considérèrent comme le successeur immédiat — et dans la gloire et dans le respect des jeunes — du miraculeux poète de la *Légende*. Ce qui compléta, aux yeux du vulgaire, l'illusion que l'auteur des *Poèmes tragiques* avait pris la place de celui de *Ruy-Blas* fut et son élection à l'Académie et l'habitude qu'il prit de tenir chez lui salon de jeunes poètes. Mais de ce que Paul Verlaine n'eut jamais ni salon ni monocle, de ce que Frédéric Mistral dédaigna la grand' ville, de ce que Jean Richepin ne joua jamais au Maître, de ce que ces trois grands poètes ne posèrent jamais leur candidature à l'Académie, en inférez-vous qu'ils soient moins glorieux et moins respectés des jeunes que ne le fut Leconte de Lisle ? Non, ne le pensons pas. — Il ne saurait donc aujourd'hui être question de savoir qui remplacera le poète des *Erynnies* dans la gloire et dans le respect des jeunes, parmi lesquels on compte les grands poètes Henri de Régnier, Adolphe Retté, Henri Dégron, André Ibels, Emmanuel Signoret, mais bien qui le remplacera à l'Académie.

Gageons que ce sera M. Imbert de Saint-Amand.

M. A. Ferdinand Hérold exprime l'espoir que le plus grand nombre des suffrages se portera sur Stéphane Mallarmé et José-Maria de Hérédia, les deux maîtres que, — dit-il, — avec Leconte de Lisle, il a toujours le plus respectés, le plus admirés et le plus aimés.

M. Paul Hervieu de Sixte. — ...Emile Zola. Un prosateur succédant à un poète ; pourquoi non ? Si la pensée, l'émotion, la vie, plus encore que le rythme, sont l'essence même de la poésie.

M. Emile Hinzelin. — Assurément, Victor Hugo puis Leconte de Lisle ont paru conduire la théorie des poètes. Mais ils doivent cet honneur moins à leur œuvre qu'au caractère de leur vie. Imaginez Victor Hugo sans l'exil, Leconte de Lisle sans la retraite. Il faut donc chercher un poète qui ne soit pas journaliste (c'est-à-dire pris dans la mêlée) et regarder du côté de Sully-Prud'homme.

M. L. HIRTZ D'AGUERRE. — Le seul poète que nous devons justement admirer, nous autres jeunes, c'est Catulle Mendès, qui se rapproche d'autant plus de nous par sa vie publique et sa bienveillance qu'il s'en éloigne par son talent. Et puis, n'aima-t-il pas à descendre du Parnasse pour venir boire avec les jeunes l'hydromel de la taverne, qui, à notre époque de révolution littéraire, remplace l'ambroisie antique ?

M. EUGÈNE HOLLANDE. — Il y a dix années, quand j'allais avoir vingt ans, je n'aurais pas balancé pour répondre selon mon sentiment avéré, et, aurais-je cru, selon celui des jeunes hommes de mon âge. C'est, alors, avec une vraie ferveur que j'aurais prononcé le nom de Sully-Prud'homme. Verlaine eût à peine troublé quelques instants ma joie naïve, émue des seules puretés du cœur, des seules noblesses de la pensée. Aujourd'hui, la vie et le contact des autres m'ont plus détaché de moi-même. Je garde, pour m'y modeler, si je puis, le même idéal, mais je n'y mesure plus aussi jalousement toutes les âmes. Je me laisse séduire : c'est ainsi, tout pris au charme de ce génie ingénu et savant, faux et sincère, dépravé et noble, d'un art magique à travers tout son mélange et dans ses défaillances mêmes où ses volontaires faiblesses, que je puis bien être tenté de commettre la grande injustice de ne pas lui préférer la haute figure poétique que sa qualité morale et sa nue beauté ne laissent point accessible à l'hommage des médiocres âmes. Mais non, pour tant d'œuvres admirables où Sully-Prud'homme a enfermé une pure et forte essence dans une matière résistante et précieuse qui la gardera, c'est à lui que je veux publiquement adresser mon témoignage de respect et mes vœux de juste gloire.

M. CLOVIS HUGUES. — A mon avis, la question est plus que délicate, adressée à un homme qui fait partie du *genus irritabile vatum*. Dans ces conditions — et voyez si j'obéis au vieil instinct humain — je ne vous citerai aucun des poètes de la génération à laquelle j'appartiens. Si vous leur posiez la même question, j'ai la conviction qu'ils ne me désigneraient pas, et je ne vois pas pourquoi je désignerais l'un ou l'autre d'entre eux, bien que tous mes enthousiasmes personnels aillent vers Jean Richepin et Maurice Rollinat. Quoi qu'il en soit, laissez-moi vous dire que j'applaudirai de mes deux mains et de tout mon cœur, le jour où il sera bien établi que Verlaine est entré, après Victor Hugo et Leconte de Lisle, dans la plénitude de la gloire. Et si je vous dis cela, c'est non-seulement parce qu'il est d'une autre génération, mais aussi parce qu'il est le prodigieux poète de l'intensité cérébrale. A lui la palme, en attendant que nous soyons de la vieille génération !

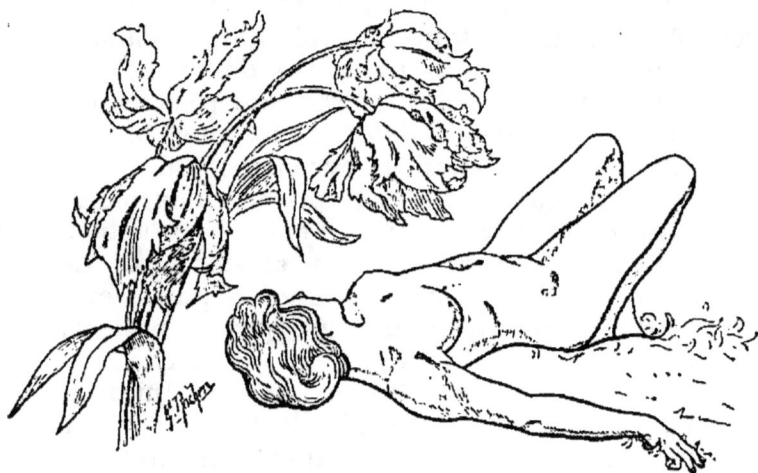

# I

M. André Ibels. — Les théories d'art émises par Leconte de Lisle sont, pour moi, au-dessus de son œuvre.

*Sur des rythmes nouveaux, il fit des vers antiques.*

Avec moins de talent que Chénier, il fut un des seuls qui sut ressusciter des temps héroïques. Malgré cela, le poète des *Erynnies* n'apporta pas la vie, et c'est pourquoi son œuvre, inutile, mourra, comme presque tous les poèmes de Pindare, dont il se proclame hautainement l'élève. Nul, à mon avis, ne remplacera Leconte de Lisle. Je veux dire que nul ne l'égalera. Mais tous l'équivaudront : les uns le surpasseront, les autres n'existeront pas ! Parmi les poètes jeunes, qui ont un tempérament analogue au tempérament de Leconte de Lisle, je crois que l'on peut citer : Albert Samain, Pierre Quillard, et quelque peu Henri de Régnier et Stuart Merrill (ce dernier dans les *Fastes* et les *Gammes).*

# J

M. Max Jasinski. — (*V. au supplément, note 2*).

M. Auguste Jehan. — ...Un temps viendra qui de la ruiné des chapelles ridicules et du massacre des rythmes bébêtes fera sortir une poésie sereine et simple, très simple, et avec elle un vrai, un grand poète, *le Poète*. Alors, on verra... ou nous ne le verrons peut-être pas.

En attendant, je vote pour M. François Coppée, le plus français, le plus populaire des grands poètes. Celui-là a conquis sa gloire.

M. Alber Jhouney. — La question posée comporte deux sens ; et, dans l'un comme dans l'autre, je ne crois pas qu'on puisse lui donner une réponse précise sans se tromper sur la nature de l'actuel mouvement poétique. Voici mes raisons :

*Premier sens* : Y aura-t-il un jeune poète qui gardera, en sa génération, la maîtrise spéciale réservée à Leconte de Lisle dans la génération parnassienne ? C'est peu vraisemblable. Si le fait se produit, ce sera par un de ces renversements de la Destinée, qui réalisent exactement le contraire des ardents désirs : car un ardent désir des jeunes écoles de poètes paraît être de ne point s'ordonner en architecture solidaire où doive, pour longtemps, s'inscrire un nom tranquille et planant. D'ailleurs, ces libertés violentes ont leur grâce : comme le Parthénon, la mer est une harmonie.

*Deuxième sens* : Parmi les Parnassiens survivants, lequel influencera le plus impérieusement les jeunes Ecoles ? Si l'on veut exacte la réponse, il faut l'accepter multiple. Trop nombreuses sont elles-mêmes les tendances des écoles nouvelles. Entre les poètes, ceux qu'attire l'émotion sociale se trouveront, pourvu qu'ils n'oublient point la Beauté, marcher dans la voie de François Coppée. Ceux que hantent le songe philosophique ou la science continueront, à leur mode, Jean Lahor ou Sully-Prud'homme. Mais ceux que dominera l'influence plastique de Heredia la pénètreront des recherches de Mallarmé ou du nonchaloir douteur et voluptueux de France, car le seul caractère presque génial des nouveaux poètes est de toujours joindre au Beau plastique un élément qui le trouble ou l'approfondisse.

L'influence de Leconte de Lisle lui-même subsistera, mais non par ses descriptions infaillibles, bien plutôt par certains accents lyriques pleins de révolte et d'idéalisme, comme ceux d'*Ultra Cælos*, et par cette charité, unique dans son œuvre mais fort originale, délicate et royale, qui parfume *Djihan-Ara*.

M. A. JULIEN n'est qu'un « illustre inconnu ». Lui-même le déclare. Cependant, il réclame énergiquement un bulletin, et il y inscrit, d'enthousiasme, le nom de Frédéric Mistral.

# K

M. TRISTAN KLINGSOR. — Oubliera-t-on le trouvère glorieux qui cueille des floraisons merveilleuses aux jardins de jadis ? Oubliera-t-on Henri de Régnier, celui qui fut l'admirateur et l'ami de Leconte de Lisle, celui qui est le frère spirituel du grand mort ? N'est-ce pas assez d'avoir écrit les *Episodes*, les *Poèmes anciens et romanesques*, la *Gardienne*, et d'écrire encore telles merveilleuses *Exergues* ? Or, cela ne m'empêche pas de dire toute mon adoration pour le sublime mendiant Verlaine et l'harmonieux chèvre-pied Mallarmé.

Mme MARIE KRYSINSKA. — Paul Verlaine me paraît être celui des poètes qui, par la nature complexe de son talent — moderne à la fois et nostalgique de simplicité primitive — correspond le plus intimement au besoin de beauté dont notre époque est tourmentée. Cette époque, quasi-byzantine, trouve dans Verlaine son plus hautain reflet ; au surplus, ce dernier des parnassiens, étant aussi la vigie des prosodies indépendantes de l'avenir, marque une étape significative dans l'évolution perpétuelle des formules d'Art. Mais, à cause de tout cela, et parce qu'il la mérite à tant de titres, on peut craindre que de longtemps la gloire — officielle du moins — ne lui soit refusée.

# L

M. LE COMTE LÉONCE DE LARMANDIE. — A mon avis, nous n'avons pas actuellement de poète d'une envergure suffisante pour remplacer l'auteur de *Caïn* dans la *gloire* et le *respect des jeunes*. L'une, du reste, entraîne l'autre ; instinctivement, notre jeunesse sera toujours fidèle à l'appel de la *vraie gloire* et lui apportera son enthousiasme et sa vénération. Il faudrait un poète unissant la perfection technique de Heredia à l'attirante et profonde mélancolie de Léon Dierx. Un tel écrivain existe-t-il ? Je le crois, mais il est totalement ignoré ; il n'a pas publié un hémistiche, et la notoriété est la préface obligatoire de la gloire et du respect. Je vous étonnerai peut-être en vous disant qu'il a passé un an et demi à Bicêtre : il est bien connu de Léon Dierx, qui pourra vous donner son nom.

M. GABRIEL DE LAUTREC. — Je pense que, pour les masses, Leconte de Lisle mort, Verlaine est le successeur désigné. Mais, peut-être, en ce concile des cardinaux, les voix se portent-elles sur lui pour sa tête déjà courbée et son long âge, car cinquante ans de Verlaine sont l'extrême maturité ; on l'élira pape, pour ne pas décourager par un choix à longue échéance les futures ambitions !

La jeunesse, qui sera demain en même temps qu'elle est aujourd'hui, m'inspire, toutes réserves faites pour mon amitié et mon admiration vers Verlaine, plus de confiance. Et le poète de notre génération s'appelle Henri de Régnier.

Je le choisirai pour sa forme, car c'est un classique, et pour l'émotion, et pour le haut dédain de son attitude, et parce que d'autres ne l'ont pas choisi.

M. LOUIS LAVIGERIE. — Le pain ne peut pas être remplacé par une salade, si décadente qu'elle soit.

Aucun jeune vieux poète — combien chouette ! — ne fera oublier Celui qui a chanté le Corbeau.

En France, nous préférons le sel au vinaigre, même au vinaigre de toilette.

M. Maurice Le Blond. — Le vers cesse graduellement d'être lui-même pour devenir de la prose rythmée. Il semble que l'on en revienne à ces proses du bas latin, à ces séquences mystiques où toute technique était abolie afin de laisser plus de puissance et de passion à l'expression. Ces tendances sont particulièrement probantes, ces dernières années, dans les poèmes si délicats de F. Vielé-Griffin et les hymnes de M. Saint-Georges de Bouhélier. Il n'est donc pas de Poète-Coryphée en ce moment, mais celui qui éclora demain sera, à n'en pas douter, un poète épique en prose.

M. Julien Leclercq. — Leconte de Lisle n'a pas joui exclusivement de la gloire, ni du respect des jeunes. Parmi les grands poètes que notre génération a aimés : Théodore de Banville, Stéphane Mallarmé, Paul Verlaine et Leconte de Lisle, celui-ci sur ses admirables correligionnaires (ne disons pas *confrères* quand il s'agit des maîtres pour qui la Poésie fut un culte) n'a dû qu'à son âge d'avoir le pas. Leconte de Lisle a été leur doyen. Le doyen — aussi jeune comme doyen que Pie IX comme pape — c'est aujourd'hui Stéphane Mallarmé. Mais toutes ces affaires de préséance édictées par le protocole de la civilité la plus honnête n'ajouteront rien à sa gloire ni au respect que nous lui avons voué.

M. Paul Leclercq. — Je désigne sans hésiter le sieur Joseph Mathieu qui n'a jamais rien écrit. Le public serait si heureux de pouvoir, enfin, parler d'un poète sans être obligé d'y avoir mis le nez !

M. Alfred Leconte (de l'Indre). — Je dois avouer que, plus familiarisé avec la littérature des anciens qu'avec celle des modernes, je suis loin d'avoir lu tous les poètes de nos jours. Par conséquent, je ne puis pas me prononcer pour un nom plutôt que pour un autre. Cependant, je crois que Clovis Hugues, mon collègue à la Chambre, est un de ceux auxquels on doit penser (3).

M. Armand Leconte. — Je désigne un poète — jeune encore — dont le talent original et bien personnel, s'est affirmé dans deux volumes d'une haute valeur poétique où l'Art domine, sans exclure le sentiment, c'est-à-dire M. Edmond Haraucourt.

M. Charles Le Goffic. — En l'espèce, la gloire me paraît une acquisition personnelle assez malaisément transmissible.

Chacun est l'artisan de la sienne, et ce n'est peut-être point affaire d'hoirie. Et, enfin, la gloire de Jacques n'est point si incom-
patible avec la gloire de Pierre ou de Simon ; elles peuvent tolé-
rer un certain voisinage. Du vivant de Leconte de Lisle, il
semble que Coppée, Sully-Prudhomme, Verlaine, France, Hérédia, Vicaire ne se perdaient point tout à fait dans son auguste
rayonnement et qu'ils avaient bien leur petit nimbe particulier.
Je veux croire qu'ils le conserveront. Et si la gloire a le respect
pour corollaire, c'est à eux qu'ira le nôtre.

M. MARC LEGRAND. — Je ne pense pas que la mort d'un
grand poète ait pour conséquence de reporter sur un de ses
confrères la part de gloire et de respect dont il jouissait.

Ceux qui aimaient et admiraient Leconte de Lisle resteront
fidèles à sa mémoire et à son exemple. M. José-Maria de
Hérédia, son disciple avéré, entretiendra comme il convient son
culte parmi les « jeunes » et représentera sa poétique et son
esthétique parmi les moins jeunes, c'est-à-dire à l'Académie.

M. Catulle Mendès continuera vraisemblablement de charmer
sa clientèle par la grâce efféminée de ses madrigaux et l'immo-
ralité fleurie de son badinage, sans rien ambitionner de plus que
le titre du plus habile rimeur et du plus pervers conteur de notre
temps.

L'école fait tort au chef d'école : M. Paul Verlaine, ce trou-
blant artiste, vrai instigateur de la poésie mystique de ces dernières années, ne parviendra pas à secouer l'indifférence rebutée
du public, auprès de qui l'auront compromis tant de maladroits
imitateurs, pour ne point parler de ses amis ordinaires.

M. Stéphane Mallarmé, toujours laborieux et charmant, —
tant que la France sera France et que Paris ne sera pas Thulé,
— n'étendra pas son influence au-delà d'un très très petit groupe
d'initiés (?) séduits par l'obscurité de ses harmonieux rébus
poétiques.

. . . . . . . . . . . . . . . . . . . . . . . . . . . .

Mais s'il fallait récompenser une vie toute donnée à la Poésie
et aux Lettres, ramener le goût de nos contemporains aux quali-
tés traditionnelles d'élégance et de force, de clarté et de santé
qui distinguent chez nous les œuvres classiques, consacrer enfin
une réputation dûment établie et jadis indûment attaquée, et
s'il était nécessaire d'encourager encore un talent aujourd'hui en
pleine possession de lui-même et qui n'a pas dit son dernier
mot, — n'est-ce point Jean Richepin que la plupart des suffrages

iraient chercher dans sa solitude et son indépendance et désigneraient comme le digne successeur de Leconte de Lisle ?

M. André Lemoyne se prononce — sans phrases — « pour
André Theuriet, poète et prosateur ».

M. Paul Lheureux. — Verlaine, Messieurs, Verlaine ! Et
puis, quel profil pour une médaille !

M. Jean Lorrain. — Si Docquois m'avait demandé *dans
l'amour des jeunes*, j'aurais répondu sans hésiter : Verlaine.
Mais le respect des jeunes ! Vous savez bien pourtant qu'à
l'heure où nous vivons, on hait on on aime, mais on ne respecte
plus rien.
   La gloire, personne officielle, académique et salonnière, ira
à M. de Hérédia ; mais, à mon humble avis, le poète destiné,
et comme attitude de vie et d'œuvre, et par la noblesse de ses
vers et de son inspiration, à succéder à Leconte de Lisle, est
Henri de Régnier.

M. Louis Lumet. — Le poète qui, d'un verbe large, saura
instruire et conduire les foules vers un meilleur sort, et — rare
— nous émouvoir en frisson sacré d'art, aura droit rigoureuse-
ment à notre reconnaissante admiration et à la totale gloire.

M. Georges de Lys. — Certains, vivants, partagent l'injuste
obscurité que dut longtemps subir Leconte de Lisle. Tel, entre
tous, est un maître des plus exquis et des plus personnels qui a
nom : Gabriel Vicaire.
   Nous avons d'admirables rhéteurs : Richepin ; de purs parnassiens : de Hérédia, Sully-Prud'homme ; de doux penseurs :
M. Bouchor ; de pétillants humoristes : Goudeau ; un poète exquis et tendre, amant des humbles : Coppée ; mais, entre tous,
par la fraîcheur de l'idée, la délicatesse du sentiment, la simplicité de l'âme, la pureté du style, se distingue Gabriel Vicaire.
   Certes, je ne prétends point nier Verlaine ni l'oublier ; mais
l'inégalité de ce génie est trop flagrante pour l'intrôner au faîte
absolu de la poésie contemporaine. L'œuvre superbe de ce cœur
orageux a trop de ténèbres autour de ses éclairs....

# M

M. Félix Malterre. — N'est-ce pas un peu ridicule ce plébiscite de poëtes qui semblent voter pour un président de république ?

Et quand bien même Verlaine serait désigné à l'unanimité pour chausser les trop rigides souliers de Leconte de Lisle, Verlaine y gagnerait-il quelque chose ? Monterait-il d'un degré dans l'estime des gens de goût ? Ne serait-ce pas une déchéance ?

Leconte de Lisle est le Passé. Verlaine est encore l'Avenir.

M. Eugène Manuel. — L'on fait bien, en parlant de la gloire, de parler aussi du respect. Ceux qui ont toujours respecté leur génie ou leur talent sont de plus en plus rares. La jeunesse aussi, qui aime la gloire, oublie le respect. Dans le désarroi où elle est, elle s'inquiète, ou, plus souvent, s'abandonne.

Quant au poëte que l'on me demande de désigner, n'est-il pas tout indiqué, à l'Académie même, par la gravité tendre de sa vie, par la dignité de son caractère, par la sûreté de son amitié, par la vision du beau qui le hante, par le souci des deux grands problèmes : Justice et Bonheur, par les espérances qui manquaient à celui qui n'est plus ?

M. Roland de Marès. — Leconte de Lisle fut une figure si absolument personnelle que je ne vois pas trop quel poëte d'aujourd'hui pourrait prétendre à sa place.

D'abord, Verlaine. Mais notre Maître à tous est lui-même ; il ne peut, par conséquent, remplacer qui que soit. M. José-Maria de Hérédia me semble tout indiqué, comme se rapprochant le plus de l'auteur des *Poèmes barbares*, par le genre de son talent, la sereine et souveraine beauté de son œuvre, et encore cette fierté, ce dédain des foules qu'on a tant loués chez Leconte de Lisle. De tous les poëtes parnassiens, José-Maria de Hérédia est incontestablement le plus aimé des jeunes : rappelez-vous seulement les articles des revues quand parurent les *Trophées*.

M. Paul Mariéton. — La question est posée, je suppose, aux

poètes *de France*. On leur demande quel Prince des lettres remplacera, dans leur opinion unanime, l'illustre auteur des *Poèmes barbares*. — Celui qui « dans le respect des Jeunes » doit tenir désormais la palme sans conteste, c'est Mistral. Quant à sa gloire, voilà beau temps qu'aucune autre ne la dominait.

La renommée d'un grand poète est faite autant de sa légende que de la connaissance même de son œuvre. A ces deux éléments de la gloire s'ajoute chez Mistral un rayonnement d'influence, une action sociale et morale dont Tolstoï et peut-être Ibsen me semblent seuls disposer aujourd'hui.

M. Auguste Marin. — Ce ne peut être que Mistral, le plus grand poète de notre époque. Il serait temps, d'ailleurs, de considérer le maître provençal comme un poète de France, dans ce doux pays où on immortalise au hasard d'une traduction, des écrivains anglais, russes ou allemands, des suédois hostiles à notre génie, des étrangers et des barbares, mais où il semble de bon ton d'ignorer une œuvre de langue romane, pure et belle entre toutes, qui est un signe de famille nous rattachant à la race de Virgile et du Dante. Quant à la traduction de l'œuvre mistralienne, elle n'est même pas à faire : Mistral s'est chargé seul de l'entreprise, pour ceux qui aiment encore le français lumineux.

M. Louis Marsolleau. — Victor Hugo, Banville et Leconte de Lisle morts, c'est les louis disparus. Il reste quelques belles pièces de cent sous et beaucoup de monnaie divisionnaire.

M. Jules de Marthold. — Victor Hugo avait légué son fauteuil à Leconte de Lisle. Leconte de Lisle n'a pas daigné nommer son successeur. Mais celui qui sera cru digne, non de remplacer Leconte de Lisle en sa gloire, mais d'être mis en sa place dans le respect des jeunes, me paraît devoir être Verlaine ; je n'en vois pas d'autre. Après le fier ennemi de tous les Olympes, le Lélian assagi de ces *Fêtes galantes* où Watteau trinque avec Vadé. Pourquoi pas ?

M. Alfred Massebieau. — Verlaine et Mistral ont la Gloire. Le poète de *Sagesse* a, de plus, le respect des Jeunes. Ce respect, je pense que l'auteur de *Mireille* et de *Calendal* y a droit aussi — pleinement. C'est donc pour Mistral que je vote.

M. Camille Mauclair. — Je ne conçois pas bien un respect unanime et quasi-conventionnel du « Congrès des Poètes » pour qui ce soit. Chacun pense et admire à sa guise. Mes idées et mon esthétique, pour prendre exemple de moi-même, me menaient bien à respecter l'âge et la probité du défunt Leconte de Lisle, mais très peu à me passionner pour son œuvre et à en escompter avec sincérité une gloire que tout mon goût en art conteste de plus en plus. Je crains que pour n'importe quelle autre personnalité, de semblables exceptions n'interdisent l'établissement en France d'une façon de poète-lauréat, d'ailleurs inutile.

En principe, je demande donc qu'on n'installe personne sur un trône que la goujaterie incontestable des gens de lettres culbuterait tous les dix ans dans la boue. Néanmoins, et pour donner ma voix à cette enquête, *si le projet Docquois se réalisait, je ne voudrais personne avant M. Stéphane Mallarmé*, dont le génie, l'intégrité et la noblesse d'âme ne sont méconnus de personne parmi les artistes vivants.

M. Baude de Maurceley. — Le poète le plus digne de recueillir l'héritage de Leconte de Lisle ? C'est Léon Dierx.

A lui reviennent donc, de droit, la chaise de bibliothécaire, au Sénat, et le fauteuil d'Académicien, sous la Coupole.

M. Fernand Mazade. — Un poète n'est effectivement mort que quand ses vers sont oubliés. Qu'on remplace Boileau, Viennet, Delavigne, que sais-je ?... Mais Leconte de Lisle, oh ! non ! Leconte de Lisle est au tombeau, il n'importe. Vive Leconte de Lisle !

M. Louis Ménard. — Je crois devoir expliquer mon vote comme à la Chambre des députés : Considérant que la polémique des journaux quotidiens est la forme littéraire la puis utile, la plus populaire et la mieux adaptée aux besoins intellectuels de notre époque, moi, membre de la classe dirigeante) section des lettres), je désigne comme le plus digne candidat au fauteuil académique de Leconte de Lisle le citoyen Henri Rochefort !

M. Stuart Merril. — Parmi les Parnassiens, deux sont dignes de succéder à Leconte de Lisle : Jose-Maria de Heredia, à qui, me semble-t-il, ne manquent ni la gloire, ni le respect des jeunes, et Léon Dierx, le bon, triste et hautain poète des *Baisers*, que le passant oublie de lire. Parmi les Symbolistes, je nomme, sans commentaire, Henri de Régnier et Francis Vielé-Griffin ; mais que l'on décerne, comme compensation d'une injuste destinée, la couronne d'or et le manteau de pourpre à ce Pauvre plus riche que nous tous, à Paul Verlaine.

M. DAUPHIN MEUNIER. — Après Victor Hugo, Leconte de Lisle — hélas ! mais après Leconte de Lisle, de Hérédia ?... Hola ! — et Verlaine ?

M. JEAN DE MITTY. — Il n'y a pas de Maîtres, ni de chefs d'école. Il y a des individualités. Parmi celles ci — comme la plus noble, comme la plus belle — je cite Stéphane Mallarmé.

M. MICHAUD D'HUMIAC (LÉON). — Il me semble que le nom de Verlaine s'impose et que tous commentaires sont parfaitement inutiles pour le prouver.

M. GEORGES MONTORGUEIL. — De succession directe et double — dans la gloire et dans le respect des jeunes — en fut-il jamais ? Un successeur est un continuateur ; le continuateur, c'est l'initiateur diminué de toute la valeur de l'initiative. Donc, avec moins de gloire et moins de respect. Je ne vois de successeur en ce qui touche le noble commerce de Leconte de Lisle que M. Jose-Maria de Heredia — et surtout à cause des produits coloniaux.

M. GABRIEL MONTOYA. — Je ne vois pas à Leconte de Lisle un véritable continuateur.
Le respect des jeunes, Leconte de Lisle l'a eu d'emblée, sans combats, par la seule admiration de Victor Hugo, son prédécesseur. La gloire lui était due de par son œuvre austère et magistrale.
Mais toute poésie a sa raison d'être dans l'époque même où elle est conçue. La lyre d'aujourd'hui ne s'accorde pas au diapason de la lyre d'hier ; et c'est pourquoi je considère Paul Verlaine comme la grande personnalité poétique de ce siècle finissant.

M. JEAN MORÉAS estime, « en vérité », la question ardue, et demande la permission de garder le silence.

M. CHARLES MORICE. — La succession de Leconte de Lisle n'est pas ouverte. Il reste le contemporain des poètes anciens et futurs, le maître de la province qu'il se créa, où pas un autre ne lui prendra sa place.
Une poésie nationale existe — pour combien de temps encore ? Aucun n'est Le Poète National.
Que s'il s'agit seulement de dire quel des vivants entraîne le plus impérieusement mon admiration, entre Verlaine et Mallarmé je dirai qu'elle hésite.

M. ALFRED MORTIER. — Un poète n'en remplace pas un autre.

J'admire, tel Leconte de Lisle, celui qui, même dans la passion, sait, maître de sa raison, dire en de belles formes rhétoriquement mesurées des axiomes profonds. Mais j'aime mieux celui, tel Verlaine, qui n'écrit qu'avec son cœur. Il me parut toujours détenir la royauté de ce temps. La question posée est donc hypothétique. Et s'il s'agit d'un poète penseur, qui déniera au divin Mallarmé le sceptre des métaphysiques ?

M. Gabriel Mourey. — D'abord, les *jeunes* glorifiaient-ils et respectaient-ils tant que ça Leconte de Lisle ? Il était le poète d'une génération, sinon deux, avant la nôtre. Et notre poète à nous, ç'a toujours été, ce sera toujours le cher et grand Paul Verlaine. Il ne remplacera donc pas Leconte de Lisle ; il l'avait remplacé, dès longtemps. N'est-il pas le prestigieux et consolant miroir — un miroir qui créerait ses reflets — où nous nous regardons, cœur et esprit, avec nos souffrances et l'idéal nouveau que nous portons ? Lui, du moins, ne méconnaît pas la divine splendeur du christianisme et ne se laisse point séduire par l'ombre destructrice du Nirvana. — Voici pour la gloire.

Quant au respect — formule un peu bourgeoise de l'admiration — ne comporte-t-il pas trop de froideur et de réserve conventionnelle à l'endroit d'un poète de généreuse profondeur, d'élan sincère et d'expansion, comme celui de *Sagesse* et d'*Amour* ! A-t-on jamais songé à respecter Baudelaire ? Alors, nous aimons Verlaine, et cela vaut mieux que le respecter.

# N

M. Henri Ner. — Si la science et l'habileté étaient les grands mérites poétiques, je désignerais José-Maria de Hérédia comme le maître d'aujourd'hui et Jean Moréas comme le guide de demain. Mais au creux des fières armures du premier, au vide des souples pourpoints du second, je préfère le cœur qui crie dans Verlaine si pénétrant et si profond, l'esprit qui pleure dans Sully-Prud'homme si noble et si haut. Plutôt qu'au roide guerrier et au page joli, mon salut irait à l'homme douloureux et au penseur mélancolique.

Seulement, je sais un poète complet, un poète qui a déjà la gloire et à qui le respect doit aller sans réserve. Quiconque lit les deux langues françaises ne saurait refuser son vote à Mistral, à Mistral égal de Lamartine dans *Mireille*, supérieur à Hugo dans *Calendal* et, puisque Aubanel n'est plus, le premier des lyriques vivants pour ses *Iles d'or*.

M. Alexis Noel. — Quoique mon admiration pour les poètes d'à présent soit très partagée et qu'une bonne part d'elle s'en aille à Verlaine, ma voix, dans ce Congrès, sera pour Maurice Rollinat, le chantre de la nature, le seul qui ait vraiment pénétré le mystère, l'inconquis des bois, des vignes, des oseraies, des étangs et des brandes, le robuste barde des *Névroses*. Ceci pour réparer, dans la mesure des moyens qui me sont offerts, l'injustice par trop navrante de l'oubli total où tant d'autres abandonnent un si fier et si subtil génie.

M. Franc Nohain. — C'est à M. Georges Leygues, dont il a tant été parlé depuis quelques mois, que revient de droit, selon nous, l'héritage de Leconte de L'Isle. Indépendamment de ses titres universitaires et mondains, M. Georges Leygues est du Midi, ce qui ne saurait nuire ; il s'édite chez Lemerre, comme les meilleurs d'entre nous ; il a fait le *Coffret brisé* comme M. Sully Prudhomme a fait le *Vase*, et il a fait la *Lyre d'Airain* par-dessus le marché ; enfin, il serait puéril de nier que, grâce à sa situation prépondérante dans l'administration française, il ne

jouisse d'une considération et ne bénéficie de telles relations
qui ne sont évidemment pas celles de M. Verlaine. Ajouterai-je
qu'en dehors de toute querelle de parti, étant donnée l'orientation
actuelle, un poète, comme un anniversaire, ne peut être national
qu'autant qu'il est républicain. Or, M. Georges Leygues est non
seulement républicain, il en est ministre ; et si le gouvernement
n'ajoute rien à son prestige en comptant parmi ses membres un
poète, la gloire de notre chère poésie française ne peut que s'ac-
croître si nous lui donnons un ministre pour représentant.

Dans ces conditions, j'estime qu'il y a tout avantage, prin-
cipalement auprès des étrangers, à désigner M. Georges Leygues
comme notre poète national. Qui, d'ailleurs, serait mieux assuré
du respect des jeunes que Celui dont dépendent en suprême res-
sort les palmes académiques et les emplois de maître répétiteur ?

M. Jacques Normand. — En pareille matière, il me semble
qu'il faut tenir compte, avant tout, et pour limiter quelque peu la
question, des similitudes de talent et de caractère. Et, aussitôt,
un nom me vient : Jose-Maria de Heredia. Même forme impeccable, même noble mépris de la popularité, même vie désintéres-
sée et uniquement consacrée aux Lettres : deux vaillants « Preux
de l'Art », en somme, dont les armures sont de damasquinage
différents mais d'un métal solide et également pur.

# P

M. Alexandre Parodi.— Que les « jeunes » lisent et relisent les grands poètes que Leconte de Lisle aimait à traduire, et ils sauront bien distinguer d'eux-mêmes parmi tant d'excellents ouvriers du vers, l'artiste inspiré et créateur.

M. Abel Pelletier. — Le Poète dans qui s'épanouiront l'éthique de Rosny et l'esthétique de Mallarmé. En attendant, ce balbutieur génial : Verlaine.

M. Edmond Pilon. — Villiers de l'Isle-Adam et le divin Baudelaire avaient depuis longtemps absorbé toute l'admiration des « jeunes » ; aussi en prodiguèrent-ils peu à Leconte de Lisle, quelque digne qu'il fût d'en avoir sa part. Quant au respect, quelqu'un a dit qu'il n'existait plus, et il a bien fait...

Maintenant, qu'un anthologiste prenne le meilleur des *Poèmes anciens et romanesques*, des *Serres chaudes*, des *Cantilènes*, des *Campagnes hallucinées*, d'une *Belle Dame passa*, des *Fastes* et des *Gammes*, du *Jardin de l'Infante*, de la *Chevauchée d'Yeldis*, des *Palais Nomades*, etc., et qu'il en fasse un seul volume. Ce sera absolument le livre d'un grand et merveilleux poète ; car, le grand poète de cette heure, ce n'est plus un seul, mais c'est la collectivité de ces noms dont le souvenir restera pour la gloire du siècle : Henri de Régnier, Maurice Maëterlinck, Jean Moréas, Emile Verhaeren, Adolphe Retté, Stuart Merrill, Albert Samain, Vielé-Griffin, Kahn, Le Cardonnel, etc., sans oublier ce pur et doux Ephraïm Mikhaël qui ne fit que passer dans un rêve de lumière.

Quant à MM. Stéphane Mallarmé, Verlaine, de Hérédia, Léon Dierx et Catulle Mendès, ils demeurent comme les admirables devanciers de ce Sphynx à tant de têtes, dont les paroles aux passants de la route de Thèbes ne sont qu'une énigme de Beauté, énigme que peut-être résoudront les jeunes hommes des temps futurs...

M. ALFRED POIZAT. — Le talent de Leconte de Lisle fut élevé mais monotone. Qui a lu un de ses poèmes les a tous lus, et il suffirait du *Sommeil du Condor*, par exemple, pour s'en former un jugement à peu près complet.

Nulle part, on ne rencontre, dans ses vers, cette flexibilité, cette paresse voluptueuse et souriante des poètes grecs, qu'on trouverait parfois dans Chénier, Vigny ou Moréas. Leconte de Lisle fut si peu grec, quoi qu'on en ait dit, qu'en traduisant littéralement Homère et Théocrite, il ne réussit qu'à leur donner un air étrangement barbare.

Si donc, depuis Hugo, il fut un prince des Poètes, il dut ce prestige à des causes qui ne furent point toutes littéraires, — la hauteur simple et dédaigneuse de son attitude, sa beauté de Vieillard Olympien, etc.

C'est dire que le pauvre Lélian ne ramassera point son sceptre et n'aura, gueux glorieux, qu'une cour errante comme lui-même. Le respect et l'autorité iront à Hérédia et à Mallarmé, mais l'influence du second paraît plus décisive. Le plus incontesté parmi les jeunes, H. de Régnier, procède visiblement de lui, et, à nous tous, il nous a beaucoup appris.

M. EDMOND PORCHER. — Je cherche, pour remplacer le plus grand des Parnassiens « dans la gloire et dans le respect des jeunes », un écrivain superbe, d'une probité artistique indiscutée... Et, immédiatement, le nom de M. de Heredia me monte aux lèvres.

M. GEORGES DE PORTO-RICHE. — Sully-Prudhomme. Il a écrit des choses profondes qui resteront. Je ne connais pas de gloire plus pure que la sienne. Il n'y a pas la moindre trace de charlatanisme dans sa renommée, et son exquise bonté a toujours été exempte de calcul.

M. XAVIER PRIVAS. — Avant la mort de Leconte de Lisle, Paul Verlaine était, à mon avis, le plus grand poète de notre fin de siècle ; la perte du premier n'a pas modifié la valeur du second.

# Q

M. Léon Quénéhen (Auguste Reiser). — Lequel, après Leconte de Lisle, méritera le nom de poète national ? Ceci, tout d'abord, est embarrassant ; car, si un roi se remplace aisément, un poète, lui, est plus difficile à remplacer, — et surtout un poète de grand talent. Le chantre des *Poèmes Barbares* et des *Erynnies* était et reste un maître, tant par l'impeccabilité de la forme, la majesté du vers, la largeur de la phrase, que par la beauté olympienne de l'idée. Certes, ses compatriotes, Léon Dierx et Jose-Maria de Heredia, par la pureté et l'envergure de leur œuvre, pourraient prétendre à cette place, tout comme François Coppée, par la mollesse et la chaleur de ses écrits, Jean Richepin, par la fougue admirable de son inspiration, Paul Verlaine, par son charme morbide, ou Stéphane Mallarmé, par la musique quelque peu obscure, mais si berceuse de son vers.... Maurice Bouchor, Edmond Haraucourt, Stéphen Liégeard, Jean Lahor, et quelques autres, auraient également des droits de succession...

Quant au vrai poète national, c'est toujours le messie attendu.

M. Pierre Quillard. — Répondre à la question posée, n'est-ce pas outrecuidant ? « Etre des jeunes », comme on dit, indique moins, chez qui l'on pare de cette couronne un peu illusoire, un âge déterminé (mettons cinquante ans, pour n'affliger d'aucuns !) qu'un désaccord irrémédiable entre eux et les écrivains bien pensants. En ce sens, le Doumic (4), par exemple, où se délectent les lecteurs des revues graves, fut, dès sa tendre enfance, idoine à s'asseoir en un fauteuil académique ou sénatorial, tandis que Villiers de l'Isle-Adam et Barbey d'Aurevilly, même morts, demeurent « des jeunes ». Provisoirement, la fonction d'annoncer la gloire et d'indiquer au public honnête les créatures privilégiées qui méritent le respect appartient aux vieillards de la première catégorie : Mirbeau ou Geffroy y sont moins aptes que le plus stupide cancre atteint de sénilité congénitale.

Quiconque a admiré, aimé, respecté Leconte de Lisle ne saurait évidemment se plaire aux si louables bardits de M. Paul Dérouède, non plus qu'aux sentimentales pleurnicheries de plusieurs autres. J'imagine que nous nous réfugierons vers des âmes plus hautaines et plus réservées. Vers qui ? Je me récuse, n'ayant point goût de désigner, parmi les plus nobles poètes de ce temps, celui à qui notre admiration trop vive vaudrait que s'accrussent aussitôt autour de ses chausses les abois de la meute servile et assermentée.

M. CHARLES QUINEL. — Le poète national serait, à mon point de vue, celui dont le génie pourrait traduire, au moyen de la quintessence du vers, les aspirations de l'humanité tout entière ; or, cet oiseau rare n'existe pas, ou, du moins, il est parfaitement inconnu.

Du reste, le jour où ce nouveau Don Quichotte commettra l'imprudence de se manifester, il ira coucher au poste en attendant le plus prochain départ pour le Gabon.

Néanmoins, je crois que Monsieur Emile Richebourg muni d'un bon dictionnaire de rimes suffit amplement aux besoins intellectuels d'un peuple de bicyclistes.

Faute de mieux, ce sera toujours le poète garde-national.

Quant au respect des jeunes, il faut n'être jamais sorti le dernier d'un café où se réunissent des littérateurs pour ignorer leur manière de traiter avec une égale rosserie les amis qui viennent de les quitter et les mânes de Victor Hugo.

Tous les poètes veulent bien se faire passer la rhubarbe, mais aucun ne veut passer le séné... Alors !

# R

M. Gaston de Raimes. — Sur le cercueil fleuri de Leconte de Lisle, à l'heure des suprêmes adieux, quand Jose-Maria de
Heredia a dit : « La France vient de perdre le dernier de ses
« grands poètes, nul ne relèvera le sceptre qu'il avait recueilli
« des mains défaillantes de Victor Hugo », il a eu raison. Certes,
à l'heure actuelle les vrais, les sincères poètes sont nombreux
chez nous ; mais, parmi les meilleurs de ceux-là, en est-il un, qui,
soit par la découverte d'une formule nouvelle, soit par l'irrésistible
magnificence de la pensée et de la forme, rallie sous l'ombre
victorieuse de son laurier la troupe ardente de gardiens du
Temple ? Non : et pour s'en convaincre, il suffit de lire les réponses des poètes sollicités à ce congrès, qui restera comme un monument très intéressant de l'histoire littéraire de cette époque.
Je crois que, parmi nous, chacun préférera toujours le maître
dont l'âme vibre avec la sienne, dont les poèmes éveillent un
écho charmeur ou douloureux au linceul de ses souvenirs. Et
pour conclure dans cet ordre d'idées, je confesse mes préférences pour Léon Dierx et Maurice Rollinat.

M. Jean Rameau. — Si l'on me demandait quel est le poète
dont le talent équivaut à celui de Leconte de Lisle, je pourrais
répondre sans doute. Mais dire  celui qui va le remplacer « dans
la gloire et dans le respect des jeunes » me semble fort hasardeux,
et je prie que l'on s'adresse à des somnambules plus lucides
que moi. Depuis quelques années, les « jeunes » placent si drô-
lement leur admiration et leur respect qu'il est très difficile de
pressentir sur quel écrivain stérile ou nébuleux ils vont les reporter. Ils n'ont qu'à choir sur les pentes broussailleuses de notre
Parnasse.

M. Gabriel Randon. — Je n'ai pas remarqué que la mort
de Leconte de Lisle ait diminué en rien sa gloire et le respect que
les jeunes lui portaient. Bien au contraire, ces deux sentiments
ont grandi, si possible. Pour ma part, j'ai toujours eu la vénération la plus grande et l'admiration la plus complète pour le Poète

et son Œuvre. Ma vénération m'était surtout dictée par l'âge
patriarcal de Leconte de Lisle. Les Poètes, les Vrais, sont les fils
légitimes de la Gloire. Il faut donc conclure que, d'ici vingt ou
trente ans, nos Aînés, les Parnassiens, seront tous glorieux et
vénérés par nous autres.

Parmi ceux-là, il en est quelques-uns qui sont déjà fort en-
noblis. Ce sont MM. Stéphane Mallarmé, Léon Dierx et José-
Maria de Heredia.

Qu'ils vivent encore trente, quarante années de plus et même
au-delà, ce que je leur souhaite de toute mon âme, et vous verrez
les Foules les accompagner au Panthéon, car l'Idéalisme renaît
éperdument et pour toujours, sans doute.

M. Albert de Rangaud. — *(Voir au supplément, la note 5).*

M. Louis Ratisbonne. — Comment, à moins d'être devin,
pronostiquer le poète qui naîtra ? S'agit-il des poètes vivants qui
ont déjà donné leur mesure ? Alors, je réponds : qui le *remplacera*
dans la gloire ? Personne.

Certes, parmi les poètes vivants, on en compte d'autres en
France célèbres à des titres divers, quelques-uns même plus
tendrement admirés, plus lus, plus récités, étant plus accessibles
plus près du cœur et de l'esprit des foules. Mais le poète royal,

*Che sopra gli attri, come aquila, vola,*

c'est Leconte de Lisle. Vous rappelez-vous cet aigle sublime
qu'il a dépeint, qui par-dessus les Cordillières monte au plus
haut des nues, solitaire et farouche,

*« Et dort dans l'air glacé, les ailes toutes grandes ! »*

Ce fauve ailé, c'était lui. Il n'est plus. Et je ne vois pas comment
un autre oiseau, si bel oiseau soit-il, mais qui n'a pas été aigle,
pourrait passer aigle par avancement — au choix ou à l'ancienneté
— parce que l'aigle est mort.

M. Louis Raymond. — Est-ce bien de respect seulement qu'il
s'agit ? et ne sied-t-il pas mieux de l'aimer surtout, le Maître
que nous choisissons. Si oui, l'élu doit-être *Paul Verlaine*, le
divin malheureux poète de l'immortel Amour.

M. Hugues Rebell. — La question revient à celle-ci : « Quel
est le poète de cette époque qui sera reconnu le plus grand
par ses contemporains et par la postérité ? » Il m'est bien difficile
de répondre. Comment choisir entre les talents si divers de

Stéphane Mallarmé, de Heredia, Léon Dierx, Catulle Mendès, Paul Verlaine, Jean Richepin ? D'autre part, ceux que l'on s'obstine à appeler les jeunes, quoiqu'ils aient donné cinq ou six volumes, MM. de Régnier, Vielé-Griffin, Verhaeren, Retté, n'ont pas dit leur dernier mot.

On ne peut prévoir quel sera le choix d'un public qui ignore absolument tous les poètes, morts ou vivants, et on peut encore moins prévoir le choix des rares fidèles d'art et de poésie qui, vous le savez, ne se réunissent point devant un même Dieu. Quant à nos descendants, il est probable que nous ne leur légueront point nos admirations.

S'il m'est permis de vous dire mon avis et mes sympathies, je crois qu'après avoir absorbé beaucoup d'écrivains du Nord dans de mauvaises traductions, après s'être ingénié à exprimer des « sensations rares » dans un style pénible, les jeunes écrivains retourneront de plus en plus aux grandes traditions de l'art français qui sont celles aussi de l'art greco-latin.

Deux artistes, à mon sens, représentent hautement ces traditions : Jean Moréas, le pur poète d'*Eriphyle*, et Anatole France, l'auteur de *Thaïs* et des *Noces Corinthiennes*, qui, dans sa prose et ses vers lumineux, nous conduisit vers une souriante et noble beauté. S'il me fallait donner des couronnes, c'est à ces poètes que je les décernerais, pour leur œuvre si variée de sujet, si harmonieuse de style et de pensée.

M. PAUL REDONNEL. — Les poètes ne meurent pas ; partant ne sauraient être remplacés dans la gloire ni dans le respect.

D'aucuns se font aimer, en outre ; quand avec cet amour, ceux de nos aînés peuvent prétendre l'estime, leur *disparition corporelle* (et que seulement corporelle) est une douleur qui surgit encore, et non un vide qui se forme. Si vous voulez cependant savoir vers quels *Omnipuissants de la Pensée* se portent nos regards, soyez satisfait. C'est vers Frédéric Mistral, écrivain de langue d'Oc, et vers Paul Verlaine, écrivain de langue du Nord.

M. HENRI DE RÉGNIER. — Si par la gloire on entend l'Académie et que l'Académie veuille remplacer par un poète le grand poète qu'elle a perdu, il est probable qu'elle s'adjoindra un Aicard pour faire pendant à son Bornier et contrepoids à M. de Heredia ; un choix tel que ce dernier est trop rare pour en espérer le retour par celui, comme successeur au fauteuil de Leconte de Lisle, de M. Léon Dierx, de M. Paul Verlaine ou de M. Stéphane Mallarmé. Quant au respect des jeunes, il va à tout écrivain qui a le respect de l'Art et sauvegarde sa pensée des bassesses du siècle, à ceux dont l'œuvre belle, haute ou ingénieuse est un exemple, un plaisir, une joie. C'est pour cela que Leconte de Lisle était respecté et que le sont aussi M. Dierx, M. Verlaine, M. Mallarmé et M. de Heredia.

M. JULES RENARD. — Je ne fréquente pas chez les grands poètes. Peu m'importe qu'ils soient morts ou vivants. Si, « dans mon respect », Leconte de Lisle avait eu la première place, il la garderait. Mais elle était prise par Victor Hugo, qui l'occupe pour ma vie. Je regrette, et prie les divers candidats de vouloir bien m'excuser.

D'ailleurs, avec votre système de succession forcée, ne risquez-vous point, aux époques de sécheresse, d'appeler « cher maître » quelque vague monsieur ?

Pour moi, sûr du Dieu que j'ai choisi, je ne le changerai plus : j'ouvre en tremblant ses livres et je me signe, comme quand il éclaire et qu'il va tonner.

M. ADOLPHE RETTÉ. — Après comme avant la mort de Leconte de Lisle, je tiens Paul Verlaine pour le plus grand poète de la fin du dix-neuvième siècle. Leconte de Lisle, certes, je l'estime fort comme poète d'abord — moins que Baudelaire et Banville — et aussi comme excellent traducteur. Toutefois, j'aime mieux *Sagesse, Amour* et *Fêtes galantes* que tous les poèmes tragiques, antiques et barbares du Jupiter à monocle qui régit le défunt Parnasse.

Donc, je vote pour Verlaine.

M. HENRI RÉVEILLEZ. — Ce congrès n'a rien, je pense, d'une association de malfaiteurs, et la police n'y est point représentée. Aussi, me risqué-je à voter pour un socialiste, un repris de justice que déjà je mettais au rang du grand poète mort : c'est l'auteur de la *Chanson des Gueux*, des *Blasphèmes*, de dix chefs-d'œuvre, Jean Richepin.

M. LOUIS RICHARD. — La nuit trouble que nous traversons semble vouloir s'évanouir — dans un avenir prochain — sous une aurore de Revanche pour les petits, les pauvres, les crève-la-faim..... Rêver l'avenir — pour le préparer — c'est là le lot du Poète.... Lequel mieux que Jean Richepin a, dans une langue superbe, glorifié les gueux, chanté la Misère et la Pitié — en la magnificence d'une œuvre qui, encore, s'accroîtra ?...

M. M. DE RIENZI. — Entre Richepin et Verlaine mon cœur balance. Peut-être tous deux arriveront ex-œquo devant la postérité, l'un à cause de son étrangeté sauvage, l'autre de son mysticisme d'enfant de chœur devenu païen.

Quoiqu'il en soit, j'estime qu'ils planent tous deux sur tous nos poètes vantés...

M. LÉON RIOTOR. — La gloire de Leconte de Lisle peut se comparer à un de ces rochers verticaux, sans aspérités, sans éboulis, ni cavernes ténébreuses, qui dominerait la jeune mer littéraire de sa sereine tranquillité, et que celle-ci osa peu battre. Combien, autour de lui, ont gardé cette majesté, ce dédain des passions misérables ? Certes, pas beaucoup, et c'est pourquoi la question posée est embarrassante. Les appétits ont terni les plus beaux talents, et nul parmi nous n'a le respect des lutteurs pour la vie... Cependant, précisons : des parnassiens, il ne reste guère que Dierx et de Heredia ; Mendès avait trop de besoins, Silvestre trop d'ambition. Sinon, les rangs de la jeunesse littéraire compteraient quelques-uns des successeurs voulus : Tailhade, avec plus d'impassibilité ; Haraucourt, avec plus de décor ; Samain, avec moins de timidité.

M. GUSTAVE RIVET. — Je réponds sans hésiter : François Coppée. Il est encore trop jeune pour être vénérable, mais il a un assez beau talent pour être le Maître. Certes, il ne ressemble en rien à Leconte de Lisle ; mais il ne s'agit pas ici de remplacer un chef d'école par un disciple de la même école.

Je cherche, sans trouver, un poète contemporain qui ait en lui plus d'humanité et de vie que François Coppée.

Je sais que la jeune génération fait quelque peu fi du sentiment. Mais, lorsque la réaction se fera, et elle ne saurait tarder, on aura vite fait d'oublier ces pessimistes, ces symbolistes, ces impassibles, ces décadents, schopenhauérisants..., et l'on reviendra à la Muse éternelle qui inspire, depuis trois mille ans, la chanson toujours la même, et toujours nouvelle, que chante l'Homme.

Coppée est humain et vivant : il aime et souffre, il chante et il pleure. Ce qui me plaît encore, et peut-être par-dessus tout en lui, c'est qu'il est *fraternel*. — Je ne parle pas ici de politique. — Mais il est ému des misères humaines, il proteste contre le mal fatal et les douleurs imméritées. Il met une cocarde sociale à son bonnet de chanteur florentin. Voilà pourquoi, doublement, il me plaît, ce poète des humbles, ce tendre, ce passionné, ce compatissant.

Et voilà pourquoi, à l'heure présente, c'est vers ce vivant, c'est vers ce jeune que les jeunes devraient tourner leurs regards, et c'est lui qu'ils devraient saluer Porte-Lyre.

M. MARCEL ROBERT. — C'est à celui qui s'est le plus rapproché de l'impeccable forme du maître, c'est à l'auteur du sonnet « le vieil Orfèvre » que vont toutes mes respectueuses admirations et sympathies.

M. Jose-Maria de Heredia me paraît seul digne de représenter avantageusement la poésie française et de s'approprier la part de respect des jeunes, dont Leconte de Lisle s'entoura de son vivant.

Après l'auteur des trophées, c'est le chanteur robuste de « La Mer », M. Jean Richepin, qui m'en impose le plus.

M. GEORGES RODENBACH. — Qui remplacera Leconte de Lisle ? demande-t-on. Mais a-t-il été vraiment pape de la poésie ? C'est donc un Conclave, au lieu d'un Congrès de poètes, dont Docquois prend l'initiative ? Cela n'est affaire que de vanités temporaires. En réalité, chacun de nous a ses maîtres préférés, vivants ou morts, qu'il aime un peu plus, un peu moins, selon la saison, le site, l'heure qu'il est, l'âge qu'on a ; car il y a des poètes d'aube, de soir qui tombe, d'âme en amour, de cœur clos. La poésie française est si riche, qu'elle a de quoi correspondre à toutes les nuances de l'âme.

Donc, ce n'est que l'Académie qui devra remplacer Leconte de Lisle. Si elle était bien inspirée, elle choisirait Mallarmé ou Mendès. Mais je doute qu'elle les élise, s'ils songent à se présenter. Il faudrait pour cela, comme on disait jadis à propos de Victor Hugo, qu'on pesât les voix au lieu de les compter.

M. P. N. ROINARD. — Je crois qu'en la vie humaine aussi bien qu'en Art, nul n'a jamais remplacé personne. Dans la gloire et dans le respect des jeunes nous avons Mallarmé. Dans la gloire aussi nous respectons Verlaine. Henri de Régnier est assez haut pour notre salut et notre estime. Gardons ceux-ci — en espérant ceux qui viendront. Ils valaient bien l'évanoui dans l'immortalité, je pense ! Et puis, que nous sert d'élire un pape des Poètes ? Nos pontifes à nous ne sont plus de ce monde, et, sans doute, bien des élus de notre temps ne resteront pas élus de l'Avenir. Alors ?... Je relis Sagesse, non pour me prononcer, mais pour m'abstenir.

M. EUGÈNE ROSTAND, lauréat de l'Académie française et de l'Académie des Sciences morales, donne sa voix à M. Sully-Prud'homme.

# S

M. Antoine Sabatier. — Dans le domaine poétique, personne, depuis Hugo, n'a connu la gloire... En notre civilisation égalitaire et tueuse d'art, il n'y a plus de *vox populi*. Et plus de *fama*. L'artiste va s'éloignant d'une foule indifférente. Il se retire en des cénacles dont M. Doumic aux lecteurs de la *Revue des Deux-Mondes* a récemment signalé l'orgueil, sans en donner la raison. Donc, plus de gloire, mais quelque chose pourtant très délicat et très doux. Des affinités littéraires, des impressions d'âme qui nous poussent vers tel ou tel. Je suis éclectique, et parmi ceux que nous aimons je salue trois noms : Richepin, Verlaine et Mallarmé, le dernier absolument respecté de tous.

M. Constant Saclé. — Qui mieux que l'auteur des *Humbles* pourrait prétendre au respect des jeunes ? Toute son œuvre respire l'amour de l'Humanité, la Nature est le livre dont il s'inspire, son cœur est son seul guide, et sa conscience lui dicte des poèmes d'où se dégage un parfum de jeunesse et d'amour. C'est le Maître du Parnasse, le chantre de toutes les souffrances et des sublimes harmonies.

François Coppée est à bon droit le Poète dont la France doit être fière.

M. Albert Saint-Paul. — Comme nous ne devons considérer ici que le poète et que l'artiste et ne nous préoccuper point de l'apparence charnelle qui ne peut prétendre à quelque valeur que devant l'objectif du photographe, un seul nom aujourd'hui demeure, dans la gloire d'une œuvre complètement réalisée en ses merveilles, pour affirmer sans conteste l'idée de pure poésie ; et cette œuvre s'accuse d'une influence telle qu'un poète de maintenant ou de demain ne saurait s'y soustraire *sans risquer d'être un génie*.

C'est Paul Verlaine.

M. Saint-Pol-Roux. — Mériterait votre prix de « gloire et de respect » *celui* capable d'obtenir aux poètes, ses frères : la soupe et le bœuf, le logis et le tabac, un théâtre et une maison d'édition.

M. CHARLES SAMSON. — Renan, Taine, Leconte de Lisle re-
tournés au pays des âmes, c'est la France intellectuelle décou-
ronnée. Beaucoup, certes, parmi ceux qui restent, sont des forts,
et méritent la renommée, voire même l'admiration ; — plusieurs
noms me viennent à la bouche. Mais le maître indiscutable, celui
qui, par son génie et son caractère, va s'imposer à la gloire et au
respect des jeunes... je le cherche. Les prochains *bateaux* seront
peut être bien obligés de prendre la mer sans boussole !

Mᵐᵉ PAULINE SAVARI. — Quel poète représente plus fidèlement
l'esprit léger avec le fond sentimental de notre parisianisme épi-
curien ? Lequel a dans ses vers l'essor plus large, le sens plus
artiste, la fantaisie plus ailée, le verbe plus précis, le rythme plus
musical, la philosophie plus solide ? lequel, à tous ces titres, mérite la première place au milieu de nos poètes jeunes et vieux,
lequel, si ce n'est le poète Armand Silvestre ?

M. EMMANUEL SIGNORET. — (*Voir le supplément, à la note 6.*)

M. L. SOMVEILLE. — Il ne m'est jamais venu à l'idée de comparer les talents contemporains. Je dois cependant avouer que j'é-
prouve toujours plus de plaisir à lire Coppée ou Sully-Prudhomme,
les deux maîtres de la poésie moderne, en cette fin de siècle, que
toutes les productions dont la générosité de l'éditeur Lemerre nous
accable. Pour Leconte de Lisle, je fais une exception : Son œuvre
me donne l'impression d'un haut monument ténébreux, couvert
d'hiéroglyphes, et ma pensée en ce moment même se reporte
vers quelqu'immense pyramide où des milliers de Momies dorment
depuis plusieurs fois mille ans. Paix aux cendres, et laissons-les
dormir !

M. GEORGES SUZANNE. — Parmi les poètes vivants, il en est
au moins trois qui peuvent prétendre au sceptre que la mort de
l'incontesté Leconte de Lisle laisse sans possesseur.
Cependant, il me semble que si l'on peut admirer la merveil-
leuse fluidité des vers de Stéphane Mallarmé, son œuvre n'a pas
l'envergure royale. De même pour l'illustre et incomparable
sonnetiste José-Maria de Hérédia, dont le vers a l'éclat de la
pourpre et la resplendissante pureté de l'or. C'est pourquoi un
seul nom s'impose à l'admiration des jeunes générations; celui de
ce gueux génial, Paul Verlaine, dont le cri de « *Sagesse* » trouble
nos âmes et retentit à jamais dans nos mémoires !

# T

M. Adolphe Tabarant. — L'idée, en Leconte de Lisle, était aussi puissante que la forme. Son hautain matérialisme nous réjouissait. Je ne crois pas que de si tôt nos poètes d'aujourd'hui le remplacent. Et qui, d'ailleurs, s'oserait mettre sur les rangs ? Je sais bien que Verlaine et Mallarmé sont d'une célébrité pressante. Mais tous deux demeurent trop souvent abscons, et celui-ci, par surcroît, est un constipé. Je n'ignore pas non plus les très jeunes, prodigieux de talent, qui dans les petites revues se produisent et s'imposent. Mais ce ne sont que des dégénérés sympathiques. Et puis, que nous font tous ces jolis airs de flûte, dans le grand tumulte des préoccupations du moment ? Femme, amour, états d'âme, sotte douleur de vivre, spiritualisme niais !... J'attends le poète de la Révolution sociale.

M. Laurent Tailhade. — Le successeur naturel de Leconte de Lisle, c'est, autant que je puisse deviner ces arcanes, un éléphant, un bœuf ou même, faute d'iceux, un simple veau.

Que si vous tenez à remplacer par un poète le défunt président du *Tombeau de Baudelaire* (le président d'un tombeau !), ne pensez-vous pas qu'il n'en est qu'un dans le siècle de Paul Verlaine ?

M. Charles Ténib. — Verlaine demeure pour nous, de la jeune école, celui qui, en ce temps, porte le plus haut la lyre. Cependant, on ne le connaît guère qu'en Angleterre, en Belgique et en Hollande. Le ministre des Beaux-Arts français l'ignore, et, pensionnant des plumitifs d'une nullité austère, n'a pas un secours pour le délicieux rêveur des *Ariettes oubliées* et des *Fêtes galantes*. D'autres ont leur fauteuil à l'Académie, Verlaine a son lit à Broussais.

Qu'on n'oppose point l'irrégularité de son existence ! S'il a rompu avec la routine de la vie, s'il passe en étranger dans le monde contemporain, cela ne diminue pas son œuvre. Qui se détournerait du fantôme de François Villon ?

M. Edmond Teulet.— On ne remplace guère les poètes ; ils se suivent. Il est indéniable que le plus populaire, aujourd'hui, après M. François Coppée, est André-Jean Richepin. Aura-t-il le respect des jeunes ? J'en doute. Mais sa gloire est acquise. Nous vivons à une époque transitoire, et, comme tous, je subis l'attente. Pourtant, je crois que l'avenir appartiendra à un poète simple.

M. Eugène Thebault. — M. Coppée a plu aux bien pensants de la syntaxe. Il ne méritait pas cette mauvaise fortune, et son chagrin secret doit être l'enthousiasme des inesthètes pour certaines de ses pièces. Car il n'y a pas d'autre cause aux jugements injustes et de parti pris portés par les vrais poètes contre le vrai poète des *Intimités*.

M. Sully-Prudhomme est évidemment en meilleure posture pour avoir l'unanime hommage des jeunes gens de lettres. C'est un subtil poète, d'un original tempérament, très sensitif, très doué pour des spéculations philosophiques. Il est connu du grand public pas trop, juste ce qu'il faut. Enfin, il a réussi à éviter l'admiration du maître d'école et du pion, et, malgré le facile symbole du *Vase* et du *Songe*, il demeure le plus intelligent esthète de notre temps, capable de dire aux jeunes — mérite unique ! — des choses justes, courtoises et malicieuses, comme dans ses *Réflexions sur l'Art des Vers*.

A Leconte de Lisle, qui fut un cérébral, succédera, Sully, plus profondément humain. C'est la loi des contraires.

M. André Theuriet. — Il me semble difficile de répondre nettement à la question posée. Dans un régiment, quand le colonel disparaît, on peut prévoir qui lui succédera ; mais il n'en va pas de même dans le monde de l'Art. Tout ce que l'on peut affirmer, c'est que le souvenir du grand poète et l'artiste parfait qu'était Leconte de Lisle exercera pendant longtemps encore son influence sur ceux qui aiment la poésie et les beaux vers. Qui le remplacera dans le respect et l'admiration des poètes nouveau-venus ? Sera-t-il même remplacé ? Tout cela est fort obscur. En ce moment, l'admiration de la plupart des jeunes se tourne dévotement vers la littérature scandinave, et, jusqu'à ce que cet engouement ait pris fin, on ne peut prédire quelles seront les destinées de l'école française, dont Leconte de Lisle fut le dernier chef glorieux et respecté.

M. GUSTAVE THÉVENET laisse tomber huit octopodès :

> *Pour le hautain trône de gloire*
> *Par de Lisle laissé vacant,*
> *Il n'est nul prince assez marquant.*
> *Trop lourd est le sceptre d'ivoire :*
> *Seul, le Temps en disposera.*
> *Mais, entre l'humble et doux Verlaine*
> *Et Coppée à l'âme sereine*
> *Le respect se partagera.*

M. EMILE DU TIERS est heureux de dire bien haut toute son admiration, tout son respect pour la poésie sincère et pénétrante de l'auteur des *Epreuves*, le poète de sentiment exquis, d'analyse délicate et de pensée profonde, — Sully-Prudhomme.

M. JEAN DE TINAN. — Stéphane Mallarmé était LE poète. Il le demeure.

M. PAUL DE TOURNEFORT. — Il me semble, à parler franchement, que Leconte de Lisle ne fut pas de son vivant ce que l'on veut bien dire aujourd'hui. Eut-il ou aura-t-il jamais sur le mouvement poétique l'influence qu'ont exercé Chénier, Lamartine, Musset et Victor Hugo ?

Il laisse des vers d'une sonorité et d'une grandeur admirables. Mais, pour entraîner à sa suite plusieurs générations de jeunes poètes, la perfection de la forme suffit-elle ? Pour être complète, la poésie ne doit-elle pas être comme la palpitation de tout ce qui vit, pense, souffre, pleure, rit ou chante ? Trouvez-vous cela dans l'œuvre marmoréenne de Leconte de Lisle ? Le poète dont on parle, qu'il existe aujourd'hui ou vienne demain, n'aura pas besoin d'être désigné par quelques admirateurs, il sera sacré roi par la foule elle-même.

M. PIERRE TRIMOUILLAT. — Au superbe, impassible et païen « fondeur de pensers sublimes », comme dit Privas, qu'était Leconte de Lisle, celui qui doit succéder, si succession il y a, ne peut être que le subtil, délicat et mystique auteur de *Amour, Sagesse, Fêtes Galantes*, et de... *Madame Aubin*, représentée aux *Soirées-Procope*... Seulement, s'il s'était agi de succéder à Paul Verlaine, je n'aurais pas désigné Leconte de Lisle... Zola encore me semble avoir fait des *poèmes modernes* au moins aussi beaux que les *Poèmes antiques*... Voilà !

M. JULES TROUBAT. — J'admets un président, mais autour de lui rien que des chevaliers de la Table Ronde, car on ne sait jamais où va la *gloire*, quand le prestige de la personne a disparu ; et quant au *respect*, quand il ne s'agit que d'apprécier le talent, il gêne la critique, et il est si peu *français* que Rabelais et Molière en manquaient totalement. On ne le pratiquait pas davantage à leur égard. Je ne sais pas non plus pour qui Voltaire en a eu. Le poète, pourtant, à qui je le marchanderais moins serait celui qui met le plus de talent au service d'idées qui sont les miennes, — car je ne prétends imposer mon choix à personne, — et, à ce titre, je proposerais volontiers, dans ce Congrès de poètes, la présidence à Auguste Vacquerie, penseur républicain, poète intransigeant, — dépositaire et desservant d'une gloire qui est celle du plus grand lyrique français de ce siècle et de tous les siècles.

M. JULES TRUFFIER. — De nos jours, sans parler des maîtres officiels de notre poésie moderne, est-il de morceaux plus beaux que le « Prélude » du *Miracle de Saint-Nicolas*, *Jeunesse*, la pièce initiale de *Avant le soir*, etc., du grand poète Gabriel Vicaire ?

M. EUGÈNE TURBERT. — J'ai toujours placé Paul Verlaine bien au-dessus de Leconte deLisle. C'est vous dire que la succession de ce dernier m'importe peu, celle du premier n'étant pas encore ouverte, Dieu merci.

M. ALBERT TUVILLIEZ. — L'immortelle trilogie de Leconte de Lisle s'imposera toujours à l'admiration des jeunes et nul ne prendra sa place. Quant au premier poète vivant, c'est à mon avis le Maître des *Blasphèmes*. •

# V

M. George Vanor. — Le poète dont la plus classique ligne s'inscrit sur l'horizon littéraire français ; celui qui sut

*Donner un sens plus pur aux mots de la tribu ;*

celui qui exerça la plus altière et la plus durable influence sur tout le mouvement poétique actuel (à tel point qu'on rencontre des volumes de vers fabriqués avec les éclats de ses conversations) ; l'impérissable et suprême logicien du lyrisme, c'est Mallarmé, c'est Mallarmé, c'est Mallarmé !

M. Maurice Vaucaire. — Si l'on parle du Leconte de Lisle poète, je ne me prononce pas, étant d'avis qu'un poète n'en a jamais remplacé un autre. Mais, s'il s'agit du Leconte de Lisle bibliothécaire, j'offrirais sa succession à Henry Becque.

M. Daniel de Venancourt. — Leconte de Lisle était le dernier représentant parmi nous de la poésie héroïque ; lui mort, nous n'avons plus de grand poète. Il nous reste des poètes charmants et particuliers, qui ont dit beaucoup de nos rêves et qui se sont inquiétés souvent de nos douleurs. Mais la génération d'aujourd'hui saurait-elle à qui se confier ? J'ai peur que le *respect* des jeunes gens n'aille de plus en plus à ces écrivains qui, sous les oripeaux d'un soi-disant symbolisme, cachent leur ignorance de toute harmonie et leur méconnaissance de tout sentiment humain. Pourtant, si de grandes âmes disparaissent, la Poésie demeure, malgré tout, et nous lui redonnerons la gloire d'autrefois le jour où nous nous aviserons d'unir à des idées justes et sincères un art réfléchi et durable

M. Gabriel Vicaire. — Est-il bien sûr que Leconte de Lisle fût le maître incontesté des nouvelles générations ?

Le respect des jeunes ?... Hum !... hum !...

Des noms, Docquois ? On t'en a fourni, sans doute. Coppée, Sully, Mendès, Heredia, Verlaine, Mallarmé — et Tartempion !

En réalité, il n'y a plus ni Dieu, ni maître. Chacun va de son côté, fait à sa guise, et je suis loin de m'en plaindre. C'est la plus jolie A.......

Mais, chut ! Dupuy pourrait nous entendre !...

M. FRANCIS VIELÉ-GRIFFIN. — L'attitude olympienne du poète familier d'Homère et d'Eschyle jointe à son titre de successeur d'Hugo et à celui de doyen des Lettres françaises avait fait de lui, dirais-je, une effigie, un symbole ?

Nul d'entre nos aînés ne saurait prétendre à cette sorte de papauté, vénérée fût-ce par les dissidents.

M. Liégeard ne brigue, croyons-nous, que sa succession académique.

M. ROBERT DE LA VILLEHERVÉ. — Un homme disparaît. La politique d'un peuple peut en être changée. Sa littérature, non. On ne remplace donc personne dans la gloire, lorsqu'il s'agit des poètes, et pour n'avoir plus le bonheur de la présence de Leconte de Lisle, les jeunes n'auront pas à chercher l'objet de leur respect, car, depuis longtemps, l'ont acquis les maîtres qui en sont dignes, et qui dans cette gloire continueront à être entourés de notre admiration. Si l'on va plutôt à l'un qu'à l'autre, ce n'est que par une particulière affinité, par de secrètes ressemblances d'esprit. Et que pourrait, que pourra modifier la Mort, lorsque l'œuvre est immortelle ?

M. FRANCK VINCENT. — Il n'y a pour moi dans toute la moderne littérature que deux hommes capables de remplir les conditions voulues : Sully-Prudhomme et Strada. Mais ils ont un grand tort aux yeux de leurs contemporains : c'est d'être des penseurs. Nos modernes psychâtres se contentent de peu, c'est-à-dire de mots. Et la vaine spéculation a plus d'attraits pour eux qu'un théorème, fût-il, même, psychologique. D'autre part, Sully-Prudhomme est académisable s'il n'est académicien, et cela suffit pour qu'on lui manque de respect : je dis *manque*, la jeune littérature étant généralement fort mal élevée. — Strada, est un ermite et son œuvre vient trop tard — quoique belle pourtant, et surtout originale. Puis, voilà ! il a un esprit de suite ! Donc, autre défaut. Cependant, quelques-uns les admireront quand même et toujours, car ceux-là aiment ceux qui pensent sainement.

Mais comme la multitude aime plutôt ce qui flatte ses sens un moment, ce qui lui procure un instant de rêve — peut-être d'oubli ! — elle se portera vers le poète de son Idéal. Seul, Verlaine remplit ce rôle. Je vote donc pour lui.

Il est peut-être, lui aussi, académisable ! Mais il ne sera jamais académicien ! Il est trop sale ! A moins que l'Académie ne lui abandonne le 41º fauteuil, ou, n'en fasse don au Procope ou au François 1er.

M. VIVIANE DE BROCÉLYANDE. — Dans le néant divin, Leconte de Lisle croyait à cette olympienne chimère esthétique : *fixer la Beauté ;* il sera récompensé de sa foi par une plus grande longévité de gloire. Et l'humoriste qui l'a défini « bibliothécaire pasteur d'éléphants » donnait spirituellement une suprême définition de l'*Artiste !* L'Académie s'honorerait en accueillant, à côté du coloriste Heredia, le beau sculpteur de vers mystique et modeste, presque méconnu : Léon Dierx.

VOIX DANS LA FOULE (Une) s'élève enfin, et, largement :

> *Le Maître peut dormir, car sa tâche est finie.*
> *Mais pourquoi voulez-vous qu'on remplace ce mort ?*
> *Les suffrages humains ne sauraient faire tort*
> *A ceux là que Dieu seul nomme pour le génie.*
>
> *Combien c'est peu de lui que nous prend le tombeau !*
> *Combien vivante encore est sa grande âme austère !*
> *La torche qu'il tenait, brûlant toujours à terre,*
> *Peut éclairer longtemps sur le chemin du Beau.*
>
> *Vienne la ramasser un géant de sa taille,*
> *Celui que l'on doit voir, jeune et le bras levé,*
> *Pour faire un pas de plus vers l'absolu rêvé*
> *Dans la forêt touffue ouvrir sa large entaille !*

Z (7)

*\*\**

— Eh bien.! *my dear*, que vous en semble ?
— Eh bien ! ami Wilkinson (8), il me reste donc à vous
mener auprès de Paul Verlaine.

# Supplément au Dictionnaire

## DU

# CONGRÈS DES POÈTES

(1). — Le 5 août, M. Jean Ajalbert donnait au *Gil Blas*, sur le « Congrès des Poètes », une très intéressante chronique, qu'avec l'autorisation de son auteur, il est fort précieux de reproduire ici :

Un de nos confrères, Georges Docquois, pose aux poètes la question suivante :

*Quel est celui qui, dans la gloire, ainsi que dans le respect des jeunes, va remplacer Leconte de Lisle ?*

Il est à douter que ce referendum d'un nouveau genre donne un résultat, pour la raison bien simple que l'on n'aperçoit pas qui pourrait prétendre à la place laissée effroyablement vide par l'écrivain des *Poèmes barbares* et des *Poèmes tragiques* ; mais, s'il n'y a pas de probabilité que personne l'emporte du coup et que l'on doive s'en attrister ; c'est une consolation, en revanche, de constater que, le maître disparu, il demeure tant d'ouvriers fameux entre lesquels partager notre admiration.

Je crois que le promoteur de ce *Congrès des poètes* a adressé ses invitations au vote avec le plus large éclectisme. On verra donc défiler dans un libre pêle-mêle les plus anciens routiers de la montagne sacrée et les derniers venus au pays des muses. A travers la dispersion des votes, il est possible de présumer qu'il ne se produira guère que deux courants. La génération des parnassiens choisira entre Sully-Prudhomme, François Coppée, de Hérédia. Richepin et Mendès recueilleront des voix aussi. Mais, vraisemblablement, c'est sur l'auteur des *Solitudes* que s'entendront tous ceux de la boutique de Lemerre. Quant aux groupes et sous-groupes de chez Vanier, leurs préférences iront à Verlaine ou Mallarmé, ce n'est pas douteux...

Mais le sens où s'accuseront les tendances des uns et des autres, ce n'est pas ce dont je veux m'occuper ici. J'ai voté hier, et je voudrais rectifier mon vote aujourd'hui. J'ai voté en blanc. Depuis, un candidat m'est survenu, et je le donne, non qu'il mérite d'éclipser Coppée ou Verlaine, mais parce que sa place doit être marquée au premier rang. Je profile du *Congrès* pour appeler la justice sur un poète qui a sans doute des fidèles, mais que l'on ne connaît pas beaucoup, que je sache, en les milieux dits littéraires. Je l'ignorais aussi. Ses vers m'ont été révélés tout à l'heure, en dînant, au dessert, comme on verse un vin fameux : « Un poète ! Nous en avons un, digne de la première place. Il a écrit les *Parques*. Ça tient en quarante pages, publiées il y a une dizaine d'années. Ecoutez un peu... » Et voilà que, de mémoire, Henry Céard, de « Carnavalet », le parfait prosateur, et Pol Neveux, de la « Mazarine », un fervent de littérature et d'art, qui a publié des pages excellentes déjà et de qui l'on attend le prochain roman, voilà que tous deux, se souvenant et se soutenant tour à tour, m'initient à ces admirables strophes, comme on n'en entend pas de pareilles tous les jours chez Drouhaut. Voyez se dresser les *Parques* :

> *C'est le groupe Fatal, les filles éternelles*
> *De la Nécessité, les Parques aux prunelles*
> *Glauques, mornes, sans fond, comme ces lacs glacés*
> *Sous un sourcil de pierre au front des monts placés.*
> *Leurs grands corps, mesurant les bornes de l'espace,*
> *Dressent leur nudité virginale, qui passe*
> *L'ineffable blancheur des neiges que le vent,*
> *Par coups d'aile rythmés, strie en les soulevant.*
> *A leur forme impeccable, on dirait trois statues ;*
> *A leur candeur étrange, on les croirait vêtues*
> *Du reflet sidéral que versent les cieux froids*
> *Sur la mer ténébreuse aux plis semés d'effrois.*
> *L'une d'elles, Clotho, les reins cambrés, supporte*
> *Dans ses bras, ramenés sur sa poitrine forte,*
> *Le fardeau de toison qui sort incessamment*
> *D'une urne formidable au fond du firmament.*
> *Cette profusion de laine immaculée*
> *Dont la mystérieuse et muette coulée*
> *Tombe éternellement dans ses puissantes mains,*
> *C'est la source de vie accordée aux humains.*
> *Le flot glisse en flocons large comme des nues ;*
> *Il s'arrête et se brise en ondes plus menues*
> *Sur l'écueil colossal, marmoréen, vivant*
> *Des doigts de Lachésis, pour sombrer plus avant,*
> *Pour sombrer plus avant comme une pluie étrange,*
> *Rayons disséminés d'un soleil qui s'effrange,*
> *Innombrables ainsi qu'à certains soirs d'été,*
> *Les éphémères blancs rayant l'obscurité.*
> *Or chacun de ces fils de lumière est une âme.*
> *Soudain, dans l'infini, siffle un cercle de flamme :*
> *La faux de diamant d'Atropos a passé,*
> *Et d'un geste homicide un siècle est effacé.*

• • • • • • • • • • • • • • • •

Après les déesses, voici les hommes :

> *C'est la douleur humaine aux millions de voix.*
> *Pères, fils, jeunes, vieux, sages, fous, pâtres, rois*
> *Poussent un hurlement de révolte ou de plainte.*
> *Mais leur rancœur à peine exhalée est éteinte.*
> *Leurs lamentations expirent près du sol.*
> *Pour atteindre à l'éther sublime, il faut le vol,*
> *L'essor victorieux des vers, l'idée unie*
> *Au pouvoir qui suspend la mort à l'harmonie.*
> *Ramassant ses cris sourds, vulgaires, impuissants,*
> *L'aède les rejette au ciel, et ses accents,*
> *Sans rompre le labeur des trois sœurs oppressées,*
> *Ajoutent un remords au poids de leurs pensées.*

Et, morceaux par morceaux, Henry Céard et Pol Neveux jettent à son enchantement des blocs de ce magnifique poème, tout force et grâce, mais une force sombre, une grâce désolée, quelque chose de Lucrèce, comme d'un Vigny matérialiste aussi ! L'aède lance au ciel la plainte des hommes, se lamente sur l'aspect de la vie, dit la marche de l'humanité :

> *Vers cet inévitable et lugubre destin*
> *De vivre, de sentir, de vouloir, de connaître !*

La vie ! la mort !

> *La mort ! Secret du Sphinx qu'on nomme la Nature !*
> *Dénouement désirable ou sinistre aventure !*
> *Anéantissement ou résurrection !*
> *La torpeur du sommeil ou le trouble du rêve !*
> *Le chemin sans issue ou la course sans trêve !*
> *La fin de la pensée et de la passion*
> *Ou la persévérance éternelle de l'être,*
> *Et la déception finale de renaître*
> *Ainsi que sur sa roue évolue Ixion !*
>
> *Oui, la vierge promise ou la jeune épousée,*
> *Fleur meurtrie avant l'heure où sèche la rosée,*
> *Dit en mourant : Grands dieux, laissez ceux que j'aimais !*
> *Et l'époux, dont la plainte emplit la solitude,*
> *En proie aux souvenirs troublants de l'habitude,*
> *Ne s'imagine pas qu'il ne pourra jamais*
> *Vivre dans l'avenir la minute perdue,*
> *Et, renversant les lois du temps, de l'étendue,*
> *Ramener les torrents de la plaine aux sommets.*
> *Crédulité d'enfant que l'âge mûr renie !*
> *Regarde seulement ce qu'a fait l'agonie*
> *De ce corps féminin tout pétri de beauté.*

> *Sauf les derniers frissons de la force fuyante,*
> *Les membres n'offrent plus qu'une image effrayante*
> *D'appesantissement et d'immobilité.*
> *L'effort n'ébranle plus l'appareil musculaire,*
> *Et même, en ce déclin, l'ombre crépusculaire,*
> *Avant l'effort suprême, éteint la volonté.*

Connaissez-vous beaucoup de vers d'un marbre pareil, d'une telle pureté, d'une telle densité ? Non, peu de poètes ont, comme l'auteur des *Parques*, taillé en plein verbe le « misérable néant de la grâce effacée », « l'insondable stupeur du sommeil infini », « le désabusement de l'erreur d'être nés » ! Ils sont rares, ceux qui ont coulé de la pensée philosophique la moins malléable dans le rythme le plus ample, le plus souple.

Ecoutez (le poète s'interroge si la mort est la fin) :

> *Non, ce pesant silence est lui-même un mensonge,*
> *Ce sommeil décevant durera moins qu'un songe,*
> *Ce tableau du néant n'est qu'une illusion.*
> *Le corps n'est pas gisant depuis une journée*
> *Que, dans ses profondeurs, la vie est ramenée ;*
> *Les ferments ont trahi leur sourde invasion ;*
> *Le cadavre s'émeut, frappé par la lumière,*
> *Et l'on voit s'altérer sa majesté première*
> *Sous le labeur hideux d'une autre vision...*

> . . . . . . . . . . . .

> *Et ce débris boueux qui fut la créature,*
> *Touché par l'aquilon brûlant de la nature,*
> *Au lieu de reposer s'évertue à pourrir.*

> . . . . . . . . . . . .

> *L'ébranlement fatal ainsi se perpétue,*
> *Et nul ne peut savoir jusqu'où la Mort nous tue.*
> *Tout notre sentiment s'est-il évanoui,*
> *Ou plutôt la douleur s'est-elle morcelée*
> *Sous le couvercle épais de la tombe scellée,*
> *Et le ver famélique avec nous enfoui*
> *Grève-t-il l'être humain d'un millier d'existences*
> *Qui, l'armant d'un millier d'appétits plus intenses,*
> *Lui réservent l'horreur d'un supplice inouï ?*
> *Et l'évolution se déroulera-telle,*
> *Remontant les degrés de la vie immortelle*
> *Depuis l'obscur tourment de la putridité*
> *Jusqu'à la passion consciente des hommes ?*
> *Nous retrouverons-nous à la place où nous sommes,*
> *Ou, sans que notre élan jamais soit arrêté,*
> *Tourbillonnerons-nous comme des grains de sable*
> *Et, traînant le fardeau d'un sort impérissable,*
> *Attendrons-nous la mort toute l'éternité ?*

> . . . . . . . . . . . .

·Toute la nuit, de ces couplets superbes avec lesquels ils avaient allumé ma curiosité, Céard et Neveux, j'ai été hanté, tâchant à ressaisir les bribes, les éclats épars dans mon souvenir, attendant au jour le livre, qu'ils avaient promis de m'envoyer, que j'ai là, où j'ai pu recopier les fragments ci-dessus. Retrouverais-je, au matin, la fumée des conversations passée, notre poète de la veille au soir ? Que d'enthousiasmes qui s'élèvent pour s'affaisser tout de suite, si souvent ! Que de poètes comptent quelques beaux vers ! L'ensemble se tiendra-t-il, à la lecture froide, comme des fragments récités par des familliers jaloux de leur auteur. J'ai lu et relu : les *Parques* composent un monument de poésie de toute beauté et de toute solidité. C'est la pensée la plus ferme, la plus haute ; c'est un vers souverain. Hélas ! je suis au bout de cette chronique, et il y aurait tant à dire, tant à citer, tant ! car ce qui précède n'est pas le mieux, n'est pas découpé, comme il arrive souvent, la touffe éclatante à travers de longues pages arides : c'est à foison que l'on peut cueillir ici.

Avec quels accents inouïs Clotho déplore sa destinée immuable, le néant formidable de la vie impassible des dieux !

Ils ont l'éternité, mais non pas la douleur ! Avec quelle farouche amertume elle l'envie, cette douleur militante, qui est le lot des hommes !

> *Ah ! cette volupté de s'oublier soi-même,*
> *De sentir son cœur battre au cœur de ce qu'on aime !*
> *Hommes, plus dieux que nous, vous seuls la connaissez :*
> *Même après la saison des tendresses conquises,*
> *Vous savez vous créer des tristesses exquises,*
> *Avec le souvenir de vos bonheurs passés.*

Quel langage ensuite, quelle âpre désespérance dans le chant de Lachésis ! quelle jalousie de l'ignorance et de l'erreur, inconnues aux dieux, où se débattent les seuls mortels !

> *Hommes, n'enviez pas notre savoir divin.*
> *De tous nos attributs orgueilleux le plus vain,*
> *C'est le fastidieux pouvoir de tout connaître.*
>
> . . . . . . . . . . . . . . . . . . . .
>
> *Vos générations, avides de savoir,*
> *Épuiseront ainsi bien des âges à voir*
> *Les rangs renouvelés de ces globes de flamme*
> *Emerger tour à tour du chaos incertain,*
> *Comme s'ils n'avaient pas accompli leur destin*
> *Avant de pénétrer par vos yeux dans votre âme.*
> *Non, ces rois lumineux de l'ombre ne vont pas*
> *Sans soucis à travers l'infini, leur domaine.*
> *Ils attendent tous l'heure où, munis d'un compas,*
> *Vous aurez mesuré l'orbe qui les ramène ;*
> *Ils datent de ce jour leur immortalité :*

> *Ils savent que le ciel est sans réalité*
> *S'il n'est pas réfléchi par la pensée humaine.*

Mais il faut s'arrêter. Juste la place de citer l'auteur des *Parques*, M. Ernest Dupuy — rien des ministères. Je n'ai pas d'autres renseignements. En jetant son nom au *Congrès des poètes*, je ne désire qu'inciter quelques camarades à lire des pages admirables, qui valent d'être mises en lumière. Les maîtres pour qui je ne vote pas m'excuseront s'ils connaissent les *Parques*. Ils me remercieront si j'avais eu le bonheur de les leur faire connaître.

Maintenant l'original promoteur du *Congrès des poètes* pourrait inaugurer une seconde série. Il ne s'est adressé qu'aux rimeurs : qu'il s'adresse, donc, après, aux prosateurs. Ils ont des idées sur la poésie aussi. Les poètes vont se disputer autour de Verlaine et de Sully-Prudhomme. C'est du côté des prosateurs que viendrait peut-être l'imprévu. On voit ce que le hasard m'a fourni. Mais l'on ne tombe pas tous les jours sur Henry Céard ou Pol Neveux — sur « Carnavalet » et la « Mazarine » à la fois.

JEAN AJALBERT.

(2). — La boutade qu'on va lire n'était nullement destinée à la publicité. Le tour m'en parut si franchement agréable et les idées si pleines de saveur que je ne résistai, pourtant, pas longtemps à mon désir de la voir, à cette place, fixée par la lettre moulée. Mais je ne demeure point sans remords, car c'est un petit viol d'intimité que j'ai commis ainsi.

Cependant, foin des scrupules ! et lisons :

Charleville, 29 juillet 1894.

      Mon cher Georges,

Je suppose que je suis un « jeune », c'est-à-dire un monsieur râpé, au crâne et à la bourse également dégarnis, un peu rhumatisant et auteur d'un recueil de vers invendus. Cette supposition m'est nécessaire pour forcer ma nature ordinairement amène aux méchancetés indispensables. Je dépose donc ma pipe culottée près d'une pile de soucoupes à bocks que je compte te faire payer ; je tire une manchette vaguement blanche, je lustre une moustache violemment noire, et, maintenant que je ressemble à un rimeur de ta connaissance, je parle.

Avant de chercher qui remplacera Leconte de Lisle, il convient d'éliminer ceux qui ne le remplaceront pas. Les trop âgés, d'abord : ils passeraient grands maîtres à l'ancienneté, ce qui serait désobligeant pour eux ; puis il faudrait dans un temps bref pourvoir à leur remplacement, ce qui serait ennuyeux pour nous : enfin ils représentent un passé dont l'influence disparaît ou va disparaître dont ils n'ont même pas été les plus fameux représentants.

Puis je n'hésiterai pas à blackbouler les trop jeunes, tu sais bien, ceux qui adjectivent les substantifs et qui substantivent les adjectifs, ceux qui colorent les voyelles et qui vocalisent les couleurs ? Leur donner du respect et de la gloire, c'est les leur donner à crédit. Qui peut dire si, dans dix ans, leurs vers à un et à 18 pieds sembleront le dernier mot du génie ou les asticots d'une poésie en décomposition ? Peut-être Gust. Kahn sera-t-il de l'Académie ; mais peut-être aussi finira t-il moisi, bénéficiaire d'un bureau de tabac en province.

Puis moi, jeune, derrière mes soucoupes que tu payeras, je refuse de me découvrir devant les poètes pour dames et les poètes primés dans les concours, ceux qui pérorent avec des yeux blancs aux tables d'hôte du grand monde, et ceux qui reçoivent les livrets de caisse d'épargne décernés par des messieurs décorés. Je ne salue pas les poètes potaches ni les poètes cabotins. Ils n'ont pas besoin de respect ni de gloire : n'ont-ils pas des prix, des accessits, des félicitations de jurys et des invitations à dîner ?

Enfin, quitte à te faire crier, je refuse ma voix aux poètes journalistes : ils ont aussi la gloire qu'ils veulent. On les paye à la ligne et ils ont leur case dans la salle de rédaction ; les reporters les appellent « cher maître » ; les vieilles dames leur écrivent des confidences et les incomprises des déclarations. Si j'ai de la gloire et du respect disponibles pour d'autres que pour moi, moi, jeune râpé, je les donnerai au poète qui sera seulement un poète.

Toutes éliminations faites, il en reste peu en scène : Hérédia, Richepin, Verlaine.

Hérédia est grand, je sais ; mais tout grand qu'il est, c'est un disciple ; son influence sera petite, comme celle de Richepin. L'un est le dernier des Parnassiens, l'autre le dernier des Romantiques. Pour maître et pour gloire nationale, il nous faut un chef d'école.

Reste Verlaine, ce génie en loques, grand cœur et âme d'or avec une tête de Socrate. Devant lui, j'ôte mon vieux chapeau et je tire de ma bouche, par déférence, la pipe que je viens de remplir avec ton tabac. Mais jamais Verlaine n'aura, comme Hugo et Leconte de Lisle, la vénération de tous. Les jeunes porte-faux-cols trouveront qu'il manque de tenue ; les duchesses diront qu'il sent le tabac, l'absinthe et l'hôpital. Ce grand poète est un homme inacceptable aux bourgeois : c'est un Villon.

Toutes réflexions faites, je vote pour Anatole France. Il nous représente tous par son souriant scepticisme et sa largeur d'esprit, son amour de l'art et de la pure beauté, son indulgente sympathie pour les humbles. Il a peu ou point écrit en vers : mais quelle musique que sa phrase mélodieuse et rythmée, quelle langue poétique que cette langue précise, sonore et lumineuse ! Connais-tu beaucoup de poèmes supérieurs à *Thaïs* ? Je sais bien qu'il fait des chroniques quelque part, mais je ne le récuserai pas comme journaliste. Elles sont si médiocres, ses chroniques ! Il doit y mettre si peu de lui-même ! Elles comptent si peu dans le journalisme et la littérature qu'il serait injuste d'en faire une arme contre lui.

Sur ce, garçon, encore un double, au compte de Monsieur Docquois !

M. JASINSKI.

(3). — Il me semble que j'agirais mal si je ne donnais ici dans son entier
l'épître que m'adressa M. Alfred Leconte, député de l'Indre, en réponse à ma
question. On verra, par ce document, que la Représentation nationale compte
« dans son sein » des personnalités dont les préoccupations ne sont pas toutes
dénuées de noblesse.

CHAMBRE
DES DÉPUTÉS

Paris, le 2 août 1894.

—

Alfred LECONTE

DÉPUTÉ DE L'INDRE

5, rue Pierre Dillery

PARIS

Monsieur,

Par un mot de vous en date du 25 juillet, j'apprends qu'un congrès de
poètes doit avoir lieu pour y choisir un candidat destiné à remplacer
Leconte de Lisle.

La question ne manque pas de m'embarrasser parce que je vis beaucoup trop, peut-être en raison de mes occupations et de mon âge, en
dehors de mes collègues les Poètes. J'ai écrit beaucoup et suis peu connu
parce que la plupart des pièces de vers ou morceaux de longue haleine
que j'ai rêvés ont été tirées à un très petit nombre d'exemplaires ou sont
inédites.

De plus, je dois vous avouer que plus familiarisé avec la littérature
des Anciens qu'avec celle des Modernes, je suis loin d'avoir lu tous les
poètes de nos jours. Par conséquent je ne puis pas me prononcer pour
un nom plutôt que pour un autre. Cependant je crois que mon collègue
Clovis Hugues est un de ceux auxquels on doit penser.

Je me trouve à avoir sous la main une feuille volante que je vous
adresse, et si vous voulez bien m'indiquer les jours et les heures auxquelles on vous peut rencontrer nous pourrons faire plus ample connaissance. Je vous communiquerais alors quelques œuvres dramatiques ou
autres qui pourraient vous intéresser et même vous pourriez m'être utile
auprès de directeurs de théâtres qui, en général, ne sont abordables que
pour les auteurs qui ont obtenu des succès.

En ce moment je suis à la campagne occupé à continuer un long
poème en IV Chants qui a pour titre : *Les Mystères de Flore* ou
*Philosophie des Sciences*. Il y a plus de 30 ans que j'y travaille aux
rares moments où la vie politique me laisse quelques loisirs.

Il y a quelques années j'ai publié en feuilleton et fait tirer à 120 exemplaires un poème philosophique et humoristique *La Voie du Philosophe*.
Il ne m'en reste pas un exemplaire, mais je prépare une 3e édition qui
je crois paraîtra avant la fin de l'année à la maison Quentin, Motteroz
et May successeurs, 7 rue Saint-Benoît. La société littéraire que je
fréquente le plus régulièrement est celle de la Lyce Chansonnière.

Je termine en vous disant que je viens d'obtenir la Médaille d'or
pour un concours ouvert à l'Académie du Centre à Châteauroux. J'avais,
pour sujet, choisi la biographie de Du Trochet le remarquable savant,

à peine connu, qui a découvert le phénomène de l'Endosmose si précieux pour l'explication des phénomènes physiologiques animaux ou végétaux.

Pardonnez-moi, Monsieur, la longueur de ma lettre. Je vous écris de la campagne où les heures coulent moins vite qu'à Paris. Et je vous prie d'agréer l'expression de mes sentiments distingués.

A. LECONTE,

*député, homme de lettres.*

Tel un dyptique, la « feuille volante » m'offrit une chanson sur chacun de ses deux volets.

La première chanson est dédiée A *la Mort.* En voici les deux premiers couplets :

> *O Mort, me diras-tu comment*
> *Aux immensités de l'espace,*
> *Ce souffle qui me rend vivant,*
> *S'anéantit ou se déplace ?*
> *Sourde et muette ! ... mon esprit,*
> *Qui pour te sonder s'ingénie,*
> *En te chansonnant te sourit.*
> *O Mort, redonnes-tu la vie ?*

> *Rêveur, fidèle à la raison,*
> *Dans les rêves que je caresse,*
> *Je prends l'aile de la Chanson,*
> *Car la Chanson est ma maîtresse.*
> *Libres comme deux papillons,*
> *Touchant aux hommes comme aux choses,*
> *En fôlatrant nous butinons*
> *Sur les vertus et sur les roses.*

La deuxième prend pour titre : *Coqs ou Chapons.* Comme la chanson A *la Mort,* elle comporte six couplets. M. Alfred Leconte me pardonnera si je me borne à en donner le premier et le quatrième :

> Anima, *l'âme a des ressorts*
> *Qui sont des principes de vie ;*
> *S'ils répondent à ceux du corps,*
> *L'existence est une harmonie.*
> *Mais l'âme a ses virilités,*
> *Leurs influences sont notoires,*
> *Le corps double leurs facultés,*
> *S'il garde bien ses génitoires.*

> *Hélas ! dans plus d'un Parlement,*
> *Que j'ai vu de plates sottises !*
> *Car les réformateurs souvent*
> *Contre le droit font des bêtises.*
> *Les candidats sont flamme et feu,*
> *Embrasant tous leurs auditoires.*
> *De leurs serments ils font un jeu*
> *En oubliant leurs génitoires.*

(1). — Le 8 août, M. René Doumic servait ce petit plat d'humour aux abonnés du *Journal des Débats* (édition rose) :

### LES POÈTES QUI ÉLISENT UN GRAND LAMA

Leconte de Lisle étant mort depuis quelques jours déjà, et le temps des regrets étant passé, le moment est venu de s'occuper de la succession du poète. L'Académie donnera le fauteuil de l'auteur des *Poèmes Barbares* à qui elle voudra, à un historien peut-être ou à un économiste. Cela n'intéresse guère le public et n'a, au point de vue des lettres, que très peu d'importance. Mais Leconte de Lisle, occupait un poste beaucoup plus considérable. Depuis la mort de Victor Hugo, il avait été installé « dans la gloire ainsi que dans le respect des jeunes ». Les Anglais ont leurs poètes lauréats. Nous avons, nous autres Français, nos grands poètes nationaux. Il nous en faut toujours un, et il ne doit pas y avoir d'interruption de service. Sitôt que le « poète en titre » est enlevé à notre admiration, il doit être remplacé par un nouveau grand poète national. Ce fonctionnaire est désigné à l'élection par ses pairs réunis en Congrès. Chaque poète est obligé, en même temps qu'il fait connaître le nom de son candidat, d'expliquer son vote en quelques lignes. Ce « Congrès des Poètes » vient d'avoir lieu. On ne nous dit pas encore quel est l'heureux élu. Mais nous connaissons quelques-unes des réponses des votants, le *Journal* ayant consenti à les reproduire dans ses colonnes. La question était posée en ces termes : « Quel est, selon vous, celui qui, dans la » gloire, ainsi que dans le respect des jeunes, va remplacer Leconte de » Lisle ? » Dix-neuf poètes ont déjà répondu. Et nous ne sommes encore qu'à la lettre C ! Il y a en France beaucoup plus de poètes qu'on ne croit. Les personnes qui seraient curieuses de lire ces avis motivés iront les chercher dans le journal qui a entrepris de les publier. Ce que je voudrais, pour ma part, c'est donner quelques renseignements sur une « fonction » peu connue du public.

La fonction de grand « poète national » est inamovible. Une fois élu, on n'a plus à redouter ni compétitions, ni révolutions. On a droit au respect des jeunes pour le restant de ses jours. On peut désigner son successeur ; mais cette désignation n'a d'autre valeur que celle d'un avis ; elle peut être ratifiée ou annulée par le Congrès qui, en la matière, est souverain. En aucun cas la fonction n'est transmissible par voie d'hérédité. Le titulaire doit remplir certaines conditions. Naturellement, il doit avoir été vacciné. Il peut d'ailleurs avoir un casier judiciaire. Je passe sur quelques points de détail. La condition essentielle est la suivante : « Ne peut aspirer à la charge de grand poète national que celui qui n'exerce plus aucune influence sur les écrivains de son temps et qui a cessé d'être dans le train. » Cette prescription est très sage ; et on aperçoit tout de suite les motifs qui l'ont inspirée. En effet, le poète en titre ne doit pas être discuté. Il ne peut régner qu'à condition de ne pas gouverner. Il n'agit pas, il plane. Ce sont, direz-vous, les invalides de la gloire. Qui ne serait fier de prendre là ses invalides ?

Ne croyez pas, au surplus, qu'il s'agisse d'une sinécure. Loin de là. Le grand lama des poètes remplit d'abord le rôle de grand bénisseur.

Parvenu au faîte de la gloire, il salue toutes les gloires naissantes. Il est l'hôte désigné des Muses de province. Il doit à chaque débutant un encouragement de forme emphatique et variée. C'est dans cette partie de sa charge que Victor Hugo se montra tout à fait supérieur. Il suffit, pour un sonnet, d'un adverbe sur une carte ; mais un volume vaut une lettre. Il faut encore se prêter aux interviews, décider dans les contestations, présider les banquets et représenter vis-à-vis de l'étranger. Cela demande, comme on le voit, une grande dépense d'activité : il faut une vieillesse robuste.

Moyennant ces fatigues librement acceptées, mais auxquelles il n'a plus le droit de se soustraire, le « poète en titre » voit chaque jour son nom imprimé avec accompagnement d'épithètes louangeuses. L'admiration pour sa personne et pour son caractère, autant que pour son œuvre est de devoir. Quiconque y manquerait se verrait immédiatement exclu du syndicat des poètes. Il est placé désormais en dehors et au-dessus des querelles. Il est celui qu'on oppose à tous les autres, afin de les rabaisser.

Entre tous les poètes d'aujourd'hui, lequel aura été désigné par le Congrès ? Sera-ce un poète académicien? Sera-ce Verlaine ou Déroulède ? Mallarmé ou Jean Rameau ? Nous le saurons dans quelques jours. Et sans doute nous avons hâte de le savoir. Mais quelle ne doit pas être l'anxiété chez les candidats ! Car celui dont le nom sortira victorieux de l'urne n'aura pas à craindre que la postérité casse le jugement de ses contemporains. Mais, pour tous les autres, quelle déception ! Vainement ils essayeraient d'accumuler les chefs-d'œuvre. C'est fini pour eux de l'espoir flatteur d'être respectés par les jeunes.

René Doumic.

(5). — Une lettre (!) :

Monsieur Docquois,

En tant qu'Evolution poétique l'Idée-Candidate au siège académique s'identifie à la personnalité de tel ou tel Maître occupant l'attention d'un milieu initié à sa manière d'art.

Si l'on n'est point exclu de cette ambiance — ostensible pour ceux qui en sont pénétrés — par des inaptitudes inféodées en principe à l'Individualité ou, une Idiosyncrasie Congénitale voir même une obstination adversatrice, contendante à la Raison d'Art. Le Groupement des Eléments indispensables à l'Elaboration Génésiaque du Critérium Arbitral, s'effectue naturellement L'action Organique Motrice de l'Exercice Sensuel aux Choses d'Art par sa fonction automatique développe l'aptitude sentimentale aux Perceptions Métaphysiques d'où naît la faculté psychique Sanctionnant la proclamation élective de tel prétendant militant ou inactif en l'attente de la Gloire Circonstantielle ou fortuite n'excluant point le dictamen de sa valeur intrinsèque.

Comme déduction de cette ébauche philosophique je Révèle à votre

Schisme Esthétique la personnalité de Albert St-Paul du groupe Symbo-
lique et de qui Naquirent naguère
    Scènes de Bal
    Pétales de Nacre etc.
de facture discrète, d'essence anodine, de Geste hiératique en lequel
S'éternise le fait stéréotypé !
    Cordialement à vous,

              ALBERT DE RANGAUD.
              Hôtel Continental.

Je vous accorde le soin de publier ces lignes Si toutefois vous en jugez
l'opportunité.

Mais, cher Monsieur, comment donc ! ! !


(6). — Autre communication (tout autre) :

### LETTRE DE SAVOIE

               Les Charmettes, le 16 Août 1894.
Monsieur,

Votre lettre au sujet de l'héritage spirituel de Leconte de Lisle m'est
arrivée à l'heure charmante du départ vers les sommets radieux, les prai-
ries de coquelicots et les lacs sacrés de Savoie.
    Assis au bleu des roches — dans le parfum des vignes et sous l'étoile
des centaurées — éclairé par le vitrail des sources, je vais essayer d'y
faire des vers de plus en plus beaux. Les autres Poètes ne pourraient-ils
point agir de la sorte, au lieu de disserter en phrases ennuyées sur des
questions de féodalité d'Art ?
    Moi, je sacre reines les Roses : toutes les Roses, car pourquoi — comme
le souhaitait Renan — « ne pas donner de jolis noms à toutes les fleurs ? »

> *Que l'orage d'été t'épargne et que la lune*
> *Qui flotte et s'assoupit noblement sur les eaux,*
> *De ses deux lèvres d'or, presse ta gorge brune,*
> *Rose des mers, noire princesse des îlots !*
>
> *Dors sous l'aile de l'aigle, ô rose des montagnes !*
> *Que tu sois réservée aux couches des amants :*
> *Le rire de Vénus se lève et t'accompagne.*
> *Sur les sommets d'azur, luis éternellement !*
>
> *O roses des forêts, des rochers, des rivières,*
> *Croissez de tout le sang que mon cœur a versé :*
> *Au vent harmonieux, bercez vos tiges fières,*
> *Et qu'à ce même vent mes vers soient balancés !*

                         (Daphné.)

Puissent ces quelques, ces « *Vers libres* », comme un buisson même d'immortelles roses, verser un parfum de poésie parmi toute la prose dont on a fatigué ces colonnes !

Ceci dit, vous me permettrez, Monsieur, de chuchoter à mi-voix à votre intéressant ami d'outre-mer qu'il trouverait un extrême agrément à visiter MM. Mallarmé, Verlaine, Saint-Pol-Roux et Moréas. Ce sont, assurément, quatre grands poètes. Je ne parle point de ceux de vingt ans. Les sots trouveraient que je prêche pour ma paroisse. Fleurs des roches !... ma paroisse, à moi, c'est la Cathédrale des monts, étincelants de lacs et de sources où dorment des lys et où se mirent, au passage, des vols d'anges et d'éblouissants troupeaux de chamois. Les puissantes forêts de châtaigniers en fleurs et les gerbes illuminées des saxifrages s'y dressent — comme des candélabres où les libellules viennent se poser, pareilles à des flammes. L'orgue des mugissantes forêts fait gronder le dôme d'azur dont les bords s'appuient sur les neiges de l'horizon. Des nuées de vapeurs roulent sur les lacs, encens issu des nénufars. Là, tandis que descend le soir et sa calme épouvante, les destinées du monde s'élaborent.

Dans la sainteté de ces paysages, je ne lis que Dante et Pascal.

Mais voici la Nuit qui s'avance, avec ses campagnes d'étoiles. Je vous remercie, Monsieur, d'avoir daigné solliciter de moi cette Opinion. Et je vous quitte pour marcher au-devant de la Nuit.

EMMANUEL SIGNORET.


(7). — La dernière :

A Monsieur G. Docquois, Rédacteur au *Journal*.

Cher Monsieur,

Puisque vous ne venez point à moi, inconnu, je vais à vous, connu.

Veuillez donc avoir la suprème obligeance de lire les quelques mots suivants au sujet de la Poésie et de Leconte de Lisle.

De plus, je vous prie d'insérer quelques mots — au sujet de Leconte de Lisle — dans le *Journal*, à votre Congrès.

Mes remerciements et mes salutations distinguées.

G. R. DENNERHAC-ARZELBÈS,
*Rimeur, prosateur, et ouvrier.*

(Henri Zisly, 85, rue Ordener, Paris.)

#### LECONTE DE LISLE ET LA POÉSIE

Par les soins de Georges Docquois du *Journal*, les poètes se font interwiewer par lui, qui recueille pieusement leurs déclarations sur le poète parnassien défunt, Leconte de Lisle, s'il aura un successeur égal à lui-même dans la Poésie ou si la Poésie restera sans maître. Est-ce donc absolument utile que Leconte de Lisle aie un successeur ? Je ne le crois point. Faudrait-il donc, un chef, un maître, un autocrate quelconque à la Poésie que je croyais libertaire, par conséquent, hostile à toute autorité. Sans chef, sans maître, la Poésie ne pourrait que mieux vivre au souffle pur et vivifiant de la liberté. De large envergure doivent être ses ailes bleutées d'azur.

Si, enfin, il m'était démontré qu'il faudrait un maître à la poésie moderne, je choisirais Jean Richepin, l'auteur de la « Chanson des Gueux ».

George-Rafaël DENNERHAC-ARZELBÈS.
(Henri Zisly, publiciste ouvrier.)

(8). — Personnage (est-il besoin de le dire ?) purement hypothétique.

Annonay. — Imp. J. ROYER.

www.ingramcontent.com/pod-product-compliance
Lightning Source LLC
LaVergne TN
LVHW020950090426
835512LV00009B/1821